대학생을 위한

자아와 명상 １

대학생을 위한

자아와 명상 1

동국대학교 건학위원회 엮음

동국대학교출판부

여는글

　동국대학교는 요익중생(饒益衆生)과 자리이타(自利利他)의 부처님 가르침을 바탕으로 학술과 인격을 연마하고, 자신을 포함해 민족과 인류사회 그리고 자연에 이르기까지 지혜와 자비를 충만케 하여, 서로 신뢰하며 공경하는 이상 세계의 구현을 건학이념으로 합니다.
　〈자아와 명상〉은 바로 이러한 건학이념의 실현을 목표로 지혜와 자비, 나아가 통찰력을 갖춘 글로벌 인재를 양성하기 위한 공통 교양과목입니다. 다른 교과목들과는 달리, 이 수업은 자신과 자신을 둘러싼 주변 환경, 더불어 세상과 자연의 진정한 모습을 관념과 언어 이전의 직접적 지각을 통해 체험하고 배우는 교육과 소통의 시간이 될 수 있습니다.

　또한 〈자아와 명상〉 수업은 우리에게 행복을 가져다주는 것들과 고통을 가져다주는 것을 구별할 수 있는 지혜를 계발하게 합니다. 이를 통해 급변해 가는 세상 속 기후 변화와 같은 환경 문제들과 정치, 경제, 교육, 문화, 군사 등 사회 구조적 환경에서 일어나는 글로벌 위기를 전인적 관념으로 보다 넓게 조망할 수 있는 지혜의 눈을 갖게 합니다. 그리고 이를 기반으로 요익중생과 자리이타를 실천하는 인재, 다양한 형태의 리더십을 갖춘 엘리트를 길러낼 수 있는 기틀을 제공하고자 합니다.

　본 교재는 15주 강의를 기본으로 구성되어 있습니다. 호흡명상, 자비명상, 간화선 등 전통명상을 비롯하여 감사명상, 행복명상, 걷기명상, 그리고 절명상과 차명상, 음악명상, 서원명상, 먹기명상 등 다양한 응용 명상법들이 포함되어 있습니다. 전통적 가치나 목적을 훼손하지 않는 범위 안에서 아직 명상에 익숙하지 않은 초보자도 최대한 쉽고 재미있게 배워 실생활에서 적용할 수 있는 방향으로 이끌고자 노력했습니다. 또한 매주 다양한 활동을 통해 자신에 대해 고민해 보고, 때로는 친구들과 대화를 통해 자신을 관찰하여 이해하고, 더불어 함께 하는 삶을 경험할 수 있도록 교재를 구성하였습니다.

본 교재 『대학생을 위한 자아와 명상』 1·2는 서울 동국대학교에서 교재로 사용되었던 『대학생을 위한 명상실습 입문』 1·2와 WISE캠퍼스의 『언제 행복할 예정인가요?』, 『사랑, 하고 있나요?』의 개정증보판입니다. 그동안 서울과 WISE캠퍼스에서 〈자아와 명상〉 수업을 진행하면서 좋았던 점과 부족한 부분을 보완하여 만들었습니다.

〈자아와 명상〉 수업이 여러분에게 고통과 불행을 가져다주는 것들을 버리고 자신과 세상을 좀 더 깊이 이해하고 사랑하는 시간이 되기를 바랍니다. 그리하여 다 함께 요익중생과 자리이타를 실천함으로써 이타적 삶을 선도하는 21세기형 주인공으로 거듭나시기를 기원합니다.

2024년 2월
동국대학교 건학위원회

Contents

	여는글	4
WEEK 1	환영 및 강좌 소개	9
WEEK 2	명상이란 무엇인가?	15
	• 나의 첫인상은 어떨까?	20
WEEK 3	호흡명상 1	23
	• 지금이 바로 사랑할 때	28
WEEK 4	자애명상	31
	• 나는 나를 얼마나 알고 있을까?	36
WEEK 5	걷기명상 1	39
	• 봄 풍경 카메라에 담기	44
WEEK 6	감사명상	47
	• 나에게 소중한 사람	52
WEEK 7	만다라명상	55
	• 멋진 경험들을 말해 봐요	60
WEEK 8	몸관찰명상	63

WEEK 9	음악명상	69
	• 나만의 음악 목록을 소개해요	74
WEEK 10	차명상	77
WEEK 11	관상명상	83
	• 난 이런 사람이야!	88
WEEK 12	동작명상	91
	• 나의 경험 이력서	96
WEEK 13	간화선 1	99
	• 내 인생의 화두	104
WEEK 14	서원명상	107
	• 참 괜찮은 나에게	112
WEEK 15	한 학기를 마치며	115
	참고문헌	118

WEEK 1

환영 및 강좌 소개

건학 이념과 교훈 및 교육목표

1. 동국대학교의 건학 이념

동국대학교는 불교정신을 바탕으로 학술과 인격을 연마하고 민족과 인류사회 및 자연에 이르기까지 지혜와 자비를 충만케 하여 서로 신뢰하고 공경하는 이상 세계의 구현을 건학 이념으로 합니다.

Dongguk University Foundational Spirit

The foundational spirit of Dongguk University is summed up in three educational goals : to build up one's character based on the Buddhist virtues ; to make the nation, mankind, and nature full of wisdom and benevolence ; and to realize the ideal society in which people can trust and respect each other

2. 교훈

- 지혜(智慧)는 사물의 도리나 선악을 분별하는 마음의 작용을 뜻합니다.
- 자비(慈悲)는 어려운 이를 사랑하고 가엾게 여기는 마음입니다.
- 정진(精進)은 순일하고 물들지 않은 마음으로 항상 부지런히 도를 닦는 행위를 말합니다.

3. 교육목표

동국대학교는 건학이념에 따라 학술의 이론과 응용방법을 연구교수하여 불교를 비롯한 한국문화의 세계화에 노력하며 민족과 인류사회의 이상실현에 기여할 지도적 인재의 양성을 목적으로 합니다.

Following the foundational spirit, the University aims at making the Buddhist spirit and the Korean culture known worldwide, and further at cultivating persons of talent with leadership skills, who will devote themselves to realizing ideals of the nation and mankind by researching and teaching academic theories and their application methods.

동국대학교의 상징물

코끼리

동국대학교의 상징 동물은 코끼리입니다.
부처님의 탄생 설화에 흰 코끼리가 등장하는 만큼 코끼리는 신성한 동물로 여겨지며, 지혜와 복덕을 상징합니다.

연꽃

동국대학교를 상징하는 꽃은 연꽃입니다.
연꽃은 우리의 본래 청정한 마음을 의미합니다. 진흙탕 속에 뿌리를 내리고 있지만 그에 물들지 않고 아름다운 연꽃을 피워내기에, 번뇌에 물들지 않는 진리를 상징합니다.

Communicative Logo

심볼마크 중앙의 D는 동국대의 이니셜로, 교육문화의 중심적인 역할을 상징하며 100년 전통의 철학을 기반으로 강인한 중심의 축이 되는 동국대학교의 정신을 나타냅니다. 중심에서 사방으로 뻗어나가는 빛은 불교 정신인 '팔정도'를 의미하는 것으로 다양한 생각과 비전을 가진 동국인들이 미래의 글로벌 사회에서 다양한 분야의 리더로 성장하는 모습을 표현합니다. 따뜻하고 친근감 있는 색상은 지식의 빛을 상징하며 동국인들의 열린 마음가짐과 긍정적인 관점을 의미합니다.

Authority Logo

사성제를 의미하는 4개의 원과 팔정도를 상징하는 8개의 점으로 구성된 Authority Logo입니다. 동국대학교의 전통과 권위를 나타내는 상징적 요소로 부처님의 교법과 진체 및 진리의 원만성과 진취성을 보여줍니다.

수업을 시작하며

/ 서로를 환영하며 자신의 이름과 학과소개 및
이 시간을 통해 배우고 싶은 것에 대해
이야기를 나누는 시간을 갖습니다.

/ 강좌 소개를 통해
앞으로 15주간 배우게 될 것들을
간단히 언급하고, 수업의 규칙을 만들어 봅니다.

/ 동국대학교의 건학 이념과
교훈 및 교육목표, 동국대를 상징하는 것들,
명상실 기본 예절에 대해서 배워봅니다.

명상실 기본 예절

차수(叉手)

두 손을 가볍게 포개어 아랫배에 두는 자세입니다.

합장(合掌)

가슴 앞에서 두 손바닥을 합하여 마음의 한결같음을 나타내는 불교의 인사법입니다.

합장반배(合掌半拜)

합장한 채 상체를 숙여 인사하는 것을 말합니다.

좌선(坐禪)의 자세

방석 위에 앉을 때 허리와 목을 일직선으로 곧게 세우고 편안하게 앉습니다. 다리는 결가부좌나 반가부좌로 앉습니다. 손은 오른쪽 손바닥 위에 왼쪽 손등을 올린 뒤 엄지손가락을 가볍게 마주댑니다. 좌선(명상)의 기본은 몸을 조화롭게(조신법調身法)하고, 호흡을 고르게(조식법調息法)하며, 마음을 편안하게(조심법調心法)하는 것입니다.

WEEK **2**

명상이란 무엇인가?

1. 명상의 의미

명상은 간단하게 말해서 수행(修行)이고, 마음공부, 마음수련입니다. 한문으로는 瞑想 또는 冥想이라고 쓰는데, 영어의 Meditation을 명상으로 번역한 것이 지금까지 계속 쓰이고 있습니다. 명상은 '눈을 감고 고요하게 생각하는 것, 생각을 고요하게 가라앉히고 명료하게 깨어있는 것, 고요한 마음으로 대상에 집중하는 일, 대상을 깊게 사유하고 관하는 것' 등으로 해석할 수 있습니다.

초기불교에서 '명상'에 해당하는 말은 무엇일까요? 빨리어로 '바와나(Bhāvanā)'라고 합니다. '바와나'는 '수행하다, 수습하다, 기르다, 경작하다.'라는 동사의 파생명사입니다. 마음을 경작하고 정신적인 발전과 계발을 위해 지속적으로 노력해 가는 훈련이라고 할 수 있습니다. 영어로는 Mental Cultivation이나 Mental Development로 표현하기도 합니다.

비유하자면, 농부가 풍요로운 결실을 수확하기 위해서 땅을 부드럽고 비옥하게 만든 다음 좋은 씨앗을 뿌려야 합니다. 거기에 적당한 물과 바람, 맑은 공기와 햇빛이 필요합니다. 적당한 비료와 거름도 필요하며 때때로 잡초도 뽑아주고 돌과 자갈도 치워줘야만 합니다. 그럴 때 농부는 풍요로운 결실을 거둡니다.

명상 수행도 마찬가지입니다. 수행자는 마음의 땅을 개간하고 부지런히 경작해야 합니다. 부정적인 생각이나 감정은 가라앉히고, 유익하고 선한 마음은 자꾸 성장시켜야 합니다. 그래야 집중력과 통찰력, 지혜와 직관이라는 명상의 결실을 얻게 됩니다. 이렇게 몸과 마음으로 노력하고 정진하는 과정 전체가 바로 바와나 명상입니다.

2. 명상의 범주

현재 동서양에서 실천되는 명상법은 세 부류로 나눠볼 수 있습니다. 불교명상과 힌두명상, 현대 서구의 응용명상이 있습니다. 불교명상은 초기불교명상을 계승하는 남방불교명상, 대승불교권의 선수행과 염불수행, 티벳불교의 티벳불교명상이 있습니다.

힌두명상에는 다양한 요가명상과 뿌라나야마(puranayama)라고 하는 다양한 호흡테크닉, 만트라명상 등이 있습니다. 서양 기반의 응용 명상법들은 초기불교와 남방불교 명상법들을 변용한 형태가 많습니다. 즉 불교명상에서 종교성은 배제하고 명상이 가진 좋은 기능을 스트레스 감소와 이완, 심리치료 분야에 적용하기 위한 목적으로 활용되고 있습니다. 이렇듯 명상의 범주는 아주 넓고 그 종류도 매우 다양합니다.

　불교명상은 두 가지 범주로 나눌 수 있습니다. 마음을 한 대상에 집중하는 집중명상과 몸과 마음의 모든 현상을 관찰하는 관찰명상입니다. 집중명상(止)은 삼매 선정명상, 사마타명상이라고 하는데 삼매와 선정을 얻는 것이 목표입니다. 관찰명상(觀)은 지혜 통찰명상, 위빠사나명상이라고 하는데 지혜와 통찰력을 얻는 것이 목표입니다. 집중명상과 관찰명상에는 수 십 가지의 명상법들이 있습니다.

3. 명상의 종류

　초기불교를 계승하는 남방불교권에는 대략 40여 가지 종류의 명상법이 있습니다. 예를 들면 호흡명상, 자애명상, 연민명상, 불수념명상 등의 집중명상이 있습니다. 관찰명상에는 호흡명상, 걷기명상, 움직임 명상, 4대(四大)관찰명상, 느낌관찰, 마음관찰, 법관찰명상 등이 있습니다. 대승불교에는 간화선, 묵조선, 염불선 등이 있고, 관상염불, 칭명염불 수행 등이 있습니다. 서양 기반의 명상 프로그램에도 호흡명상, 바디스캔, 요가명상, 생각과 감정관찰명상 등 다양한 종류의 명상법들이 있습니다. 본 교재『대학생을 위한 자아와 명상』1・2에서는 위에서 언급했던 중요한 명상법들을 다룰 것입니다.

4. 명상의 자세

명상하기 위해서는 먼저 몸의 바른 자세를 취합니다. 그리고 현재 이 순간 마음을 챙기고 알아차림을 하겠다는 마음가짐도 필요합니다. 명상은 앉아서 하는 정적인 명상이 있고, 움직이면서 하는 동적인 명상이 있습니다. 여기서는 앉아서 명상하는 좌선의 바른 자세를 살펴보겠습니다.

첫째, 허리의 척추뼈를 곧게 세웁니다. 몸을 앞으로 구부정하게 하거나 뒤로 너무 제치지 말고 허리를 반듯하게 세우고 방석 위에 편안히 앉습니다. 이때 방석은 엉덩이 뒷부분을 조금 높게 하는 것이 몸을 바르게 펴는 데 도움이 됩니다.

둘째, 다리의 자세는 세 가지가 있습니다. 양다리를 서로 교차시켜서 앉는 결가부좌가 있고 한쪽 다리를 다른 쪽 다리 위에 얹는 반가부좌가 있습니다. 또는 두 다리를 서로 겹치지 않고 반듯하게 평행으로 두는 평좌가 있습니다. 자신에게 편안한 자세를 취하면 됩니다.

셋째, 손의 자세입니다. 일반적으로 두 손을 무릎 위에 그대로 올려놓습니다. 또는 오른손 위에 왼손을 올려놓고 엄지손가락을 서로 맞붙여 배꼽 주변에 편안하게 둡니다.

넷째, 눈은 감거나 조금 떠도 좋습니다. 입술과 어금니는 편안하게 붙이되, 혀는 윗니와 입천장에 붙여줍니다.

5. 명상의 이익과 효과

『대념처경』에서는 명상을 하게 되면 마음이 정화되고 슬픔이나 비탄이 사라지며, 정신적 육체적 고통도 사라지고, 궁극적으로는 열반, 해탈, 깨달음을 성취한다고 합니다. 『몸에 대한 마음챙김 경』에서는 "몸에 대한 마음챙김 수행을 많이 하면, 큰 이익과 평화로 인도한다. 마음을 챙기고 알아차리게 한다. 지혜와 앎을 얻게 한다. 금생에서 행복하게 머문다. 수승한 지혜와 해탈의 결실을 실현하도록 한다."라고 했습니다.

명상의 효과를 객관적으로 확인할 수 있는 연구 결과도 다양하게 보고되고 있습니다. 이에 따르면 MBSR(Mindfulness-Based Stress Reduction, 마음챙김에 근거한 스트레스 완화)이나 MBCT(Mindfulness-Based Cognitive Therapy, 마음챙김에 근거한 인지치료) 명상프로그램을 경험한 사람들에 대해 스트레스와 우울증이 감소하고 완화되는 긍정적인 변화를 확인할 수 있습니다.

예를 들면, 몸이 더러워지면 목욕하고 옷이 더러워지면 세탁합니다. 그렇게 씻고 세탁하면 몸이나 물건들이 깨끗해집니다. 동일한 원리로 번뇌와 잡념으로 마음이 복잡하면 명상으로 씻어내고 세탁할 수 있습니다. 그 구체적인 방법이 바로 명상수행입니다.

명상은 자신을 만나며 자신을 사랑하는 아주 좋은 방법입니다. 현재 이 순간 깨어있는 마음으로 자신과 대면하면 자신을 이해하고 발견하며, 변화하고 성장합니다. 더불어 세상을 바르게 보고, 인간관계도 유연하게 확장됩니다. 명상하는 마음으로 더 많이 사랑하고 더 많이 행복해지시길! _()_

나의 첫인상은 어떨까?

활동 목표

다른 사람이 말하는 나의 첫인상에 대해 알아본다.
내가 생각하는 나의 첫인상에 대해 이해한다.
첫인상으로 사람을 판단하는 것에 대해 생각해 본다.

도입

활동 목표를 이해한다.
자신의 첫인상에 대해 생각해 본다.

전개

두 사람이 짝을 지어 마주본다.
상대방에게 나의 첫인상을 물어본다.
서로의 첫인상에 대해 이야기를 나눈다.
남이 말해주는 나의 첫인상과 내가 생각하는 나의 첫인상을 적어본다.
첫인상에 대한 상대방과 나의 생각을 확인하고 이해하는 시간을 갖는다.

정리

첫인상 활동을 통해서 느낀 점을 나누어 본다.

나의 첫인상은 어떨까? What would be my first impression like?

두 사람씩 짝을 지어 서로의 첫인상에 관한 이야기를 나누어 봅니다.

- 남이 말하는 나의 첫인상은 어떠한가요?

- 내가 생각하는 나의 첫인상은 어떠한가요?

- 평소 처음 만나는 사람을 어떻게 대하나요?

첫인상으로 사람을 판단하는 것에 대해 자신의 생각을 적어 봅니다.

WEEK **3**

호흡명상 1

1. 호흡명상이란?

호흡명상은 빨리어(Pāli)로 아나빠나사띠(Ānāpāna-Sati)라고 합니다. 아나(Āna, 들숨)와 아빠나(Apāna, 날숨) 그리고 사띠(Sati, 마음챙김)가 결합한 복합명사입니다. 문자 그대로 해석하면 '들숨과 날숨에 대한 마음챙김(入出息念)'이고, 간단히 말하자면 호흡명상입니다.

호흡명상은 부처님이 깨닫기 전에도, 깨달음을 얻을 당시에도 그리고 깨달은 이후에도 많이 수행하셨던 명상법입니다. 석가모니 부처님뿐만 아니라 과거의 모든 부처님과 제자들이 호흡명상을 통해서 선정과 지혜, 그리고 최종의 목표인 아라한과와 깨달음을 성취했다고 『청정도론』은 밝히고 있습니다.

『입출식념경』

수행자들이여, 들숨 날숨에 대한 마음챙김을 닦고 거듭거듭 수행하면 큰 결실이 있고 큰 이익이 있다. 들숨 날숨에 대한 마음챙김을 닦고 거듭거듭 수행하면, 네 가지 마음챙김의 확립(四念處)을 성취한다. 들숨 날숨에 대한 마음챙김을 닦고 거듭거듭 수행하면, 일곱 가지 깨달음의 구성요소들[七覺支]을 성취한다. 들숨 날숨에 대한 마음챙김을 닦고 거듭거듭 수행하면, 수승한 지혜(明智)와 해탈을 성취한다.

2. 호흡명상의 방법

호흡명상은 집중명상과 관찰명상, 두 가지 방법으로 수행이 가능합니다. 이번에는 『청정도론』에서 설명하는 호흡명상의 '8단계 주의집중'을 살펴보기로 하겠습니다. 8단계 중에서 전반부 4단계는 마음집중 상태인 삼매와 선정을 성취하는 사마타 방법입니다. 후반부 4단계는 지혜와 통찰력을 성취하는 위빠사나 방식으로 설명합니다. 여기서는 전반부 4단계에 대해서 간단히 설명하고, 수식관(數息觀) 명상을 실습해 보도록 하겠습니다.

첫째, 수식(數息)이란 호흡을 하면서 숫자를 세어나가는 방법입니다. 처음 명상을 시작하는 사람들은 많은 생각 때문에 명상하기가 어렵습니다. 그래서 들숨 날숨에 마음이 머물게 하고 좀 더 오랫동안 잘 집중하기 위해서 숫자를 결합합니다. 예를 들어 숨을 들이쉬고 내쉴 때, 내쉬는 숨에 '하나~'라고 합니다. 그리고 다시 숨을 들이쉬고 내쉴 때, 내쉬는 숨에 '둘~'이라고 합니다. 그렇게 하나부터 열까지 세고, 다시 하나부터 열까지 세는 방법을 수식, 혹은 수식관이라고 합니다.

둘째, 연결이란 말 그대로 들숨 날숨을 마음챙김으로 연결하는 것입니다(隨息). 첫 번째 방법인 수식관을 통해 어느 정도 마음챙김과 집중의 힘이 생기면 숫자 세는 방법은 놓아야 합니다. 들숨의 처음부터 끝까지, 날숨의 처음부터 끝까지 호흡의 전 과정을 면밀하게 마음챙김하며 주시합니다. 호흡을 놓치지 않고 잊어버리지 않으려 노력하면서 계속 집중하는 단계입니다.

3. 호흡명상의 효과

마음이 방황 할 때 호흡명상(수식관)을 하면 마음이 편해지고 들숨 날숨에 오래 머물게 되는 효과가 있습니다. 호흡명상을 하면 집중이 되고 마음이 고요해지면서 평소보다 산소 흡입량도 많아집니다. 그로 인해 모세혈관에 산소가 많이 공급되어, 잡념이 많은 사람들은 생각을 정리하기 쉽습니다.

『상윳따니까야』의 「입출식 상응」에는 "호흡명상을 통한 삼매를 닦고 많이 공부지으면 고요하고 수승하고 순수하고 행복하게 머물고, 나쁘고 해로운 법들이 일어나면 즉시 사라지게 하고 가라앉게 한다." "호흡명상을 통한 삼매를 많이 닦았기 때문에 몸이 흔들리거나 동요하지 않고, 마음이 흔들리거나 동요하지 않는다." "호흡명상 삼매로 많이 머물 때, 몸도 피로하지 않고 눈도 피로하지 않고 마음이 번뇌들로부터 해탈했다." 라고 했습니다. 이처럼 호흡명상을 수행하면 마음이 고요해지고 안정될 뿐만 아니라 수승한 지혜와 완전한 해탈을 성취하게 된다고 했습니다.

실습 가이드

호흡명상(수식관명상)

❶ 편안한 자세로 앉아 눈을 가볍게 감거나 반쯤 뜹니다.
❷ 호흡을 깊게 세 번 한 후 몸과 마음을 편안하게 이완합니다.
❸ 주의력을 코끝이나 콧구멍 입구, 혹은 인중 부분에 두고 그곳에서 숨이 어떻게 들어오고 나가는지 편안하게 지켜봅니다.
❹ 숨을 들이쉬고 내쉴 때 '하나~' 라고 셉니다.
  또 들이쉬고 내쉬면서 '둘~'이라고 셉니다.
  또 들이쉬고 내쉬면서 '셋~'이라고 셉니다.
  또 들이쉬고 내쉬면서 '넷~'이라고 셉니다.
  또 들이쉬고 내쉬면서 '다섯~'이라고 셉니다.
  이렇게 열까지 세는 것을 3~5회 반복해 봅니다.
❺ 생각에 빠져서 숫자 세는 것을 놓치거나 잊어버릴 수도 있습니다. 그럴 때는 다시 하나부터 시작하면 됩니다. 숫자를 셀 때 열이 넘지 않도록 유의합니다.
❻ 어느 정도 마음이 가라앉으면, 숫자 세는 것은 멈춥니다. 그리고 온전히 들숨과 날숨의 전 과정을 알아차립니다.
❼ 편안하게 호흡하면서 명상을 마무리 합니다.

호흡명상(수식관명상) Breath-Counting Meditation

☽ 호흡명상의 집중도는 어느 정도였나요?   (   ) %

☽ 호흡명상 중 몸에서 어떤 감각이 느껴졌나요?

☽ 호흡명상 중 마음에서는 어떤 생각이나 감정이 일어났나요?

☽ 호흡명상을 하면서 새롭게 알아차린 것을 기록해 봅니다.

지금이 바로 사랑할 때

활동 목표

자신의 삶을 돌아보고 이해한다.
지금 이 순간에 존재해야 함에 대해 인지한다.

도입

활동 목표를 인지한다.
세 가지 질문의 의미에 대해 생각해 본다.

전개

가장 소중한 시간은 언제인지 떠올려본다.
가장 소중한 사람은 누구인지 떠올려본다.
가장 소중한 일은 무엇인지 떠올려본다.
세 가지 질문에 대한 각자의 생각을 서로 나눈다.

정리

세 가지 질문에 대한 답을 통해 느낀 점을 정리해 본다.

지금이 바로 사랑할 때 Its time to love

1. 다음 세 가지 물음에 답해 봅니다.

- 가장 소중한 시간은 언제인가요?

- 가장 소중한 사람은 누구인가요?

- 가장 소중한 일은 무엇인가요?

2. 세 가지 질문에 대한 답을 통해 느낀 점을 적어 봅니다.

자애명상

1. 자애명상이란?

초기불교 수행 전통에서 자애명상은 중요한 명상법으로서 마음을 고요하게 하는 집중명상에 포함됩니다. 자애(慈愛, mettā)는 '우정, 사랑, 호의, 타인에 대한 적극적인 관심' 등의 뜻이 있는데, 영어로는 Loving-kindness라고 번역됩니다. 즉 '자애'는 '모든 이들이 평안하고 안락하고 행복하기를 바라는 수승하고 고결한 마음'으로, 보답을 바라는 조건적인 사랑이나 애착이 담겨있는 욕망의 사랑이 아닙니다. 이렇듯 나 자신에게 보내는 따뜻한 마음이며, 더 나아가 자신을 포함한 모든 생명에게 보내는 가장 친절한 마음이고 차별이 없는 평등한 마음입니다. 다른 사람들에게 자애의 마음을 내기 위해서는 먼저 내가 나에게 자애의 마음을 내야 합니다. 나에 대한 자애의 마음이 커졌을 때 다른 이들에 대한 자애의 마음도 커지기 때문입니다. 우리는 서로 연결된 존재이며 나 홀로 행복할 수 없습니다. 결국 그들의 행복이 나의 행복으로 연결되어 있다고 볼 수 있습니다.

「자애경」(『숫타니파타』1:8)

"어떠한 생물일지라도 겁에 떨거나 강하고 굳세거나, 그리고 긴 것이건 큰 것이건,
짧고 가는 것이건, 또는 조잡하고 거대한 것이건, 눈에 보이는 것이나
보이지 않는 것이나, 멀리 또는 가까이 살고 있는 것이나,
이미 태어난 것이나 앞으로 태어날 것이거나 살아있는 모든 것은 다 행복하라.
어느 누구도 남을 속여서는 안된다. 또 어디서나 남을 경멸해서도 안된다.
남을 곯려줄 생각으로 화를 내어 남에게 고통을 주어서도 안된다.
마치 어머니가 목숨을 걸고 외아들을 아끼듯이,
모든 살아 있는 것에 대해서 한량없는 자비심을 내라.
또한 온 세계에 대해서 한량없는 자비를 행하라.
위와 아래로, 또는 옆으로 장애와 원한과 적의가 없는 자비를 행하라.
서 있을 때나 길을 갈 때나 앉아 있을 때나 누워서 잠들지 않는 한,
이 자비심을 굳게 가지라.
이 세상에서는 이러한 상태를 신성한 경지라 부른다."

2. 자애명상의 방법

자애명상은 먼저 자기 자신으로부터 시작됩니다. 내가 행복하기를 원하고 고통이나 불행, 죽음을 원하지 않는 것처럼 다른 사람들도 그렇다는 것을 알 때, 비로소 타인의 행복과 안녕을 기원하는 마음이 자연스럽게 일어나기 때문입니다. 자신을 대상으로 자애를 충분히 닦았다면 존경하는 사람, 좋아하는 사람, 좋지도 싫지도 않은 중립의 사람, 그리고 마지막으로 밉거나 싫어하는 사람의 순서로 자애의 마음을 보냅니다. 이 순서는 자애심을 키우기 위해서 자애가 잘 일어나는 대상들을 우선적으로 분류한 것입니다. 자애를 보내는 대상은 주로 사람이지만 반려견이나 반려묘 등 다른 존재들도 대상이 될 수 있습니다. 그 대상을 향한 자애를 일으키는 데 도움이 되는 자애명상 구절로는 '건강하기를, 행복하기를, 평화롭기를…'등이 있습니다. 이러한 관용적인 구절 외에 자신만의 자애 문구를 사용해도 좋습니다.

3. 자애명상의 효과

자애명상에서는 안락감, 평화, 행복 등의 긍정적 정서에 초점을 두고 대상을 향해 접근하게 하는데, 이때 촉진된 긍정적 정서는 나와 세상을 향한 관점을 확장해 주변 환경에 적극적으로 참여하도록 해줍니다. 이에 따라 스트레스 반응과 분노가 조절되며 긍정적 정서, 자각 및 공감 능력, 타인에 대한 연결감과 수용 능력 등이 증가합니다. 또한 집중력이 향상되며 마음의 안정을 찾는데 도움이 됩니다.

「자애경」(A11:16)에서는 "자애의 마음을 닦고 익히면 편안히 잠자고, 행복하게 깨어나고, 악몽을 꾸지 않고, 사람들에게 사랑받고, 천신들이 보호해주고, 불이나 독이나 무기가 해를 끼치지 못하고, 최상의 경지를 얻지 못하더라도 천상의 세계에 태어나게 된다."라고 기록하고 있습니다.

실습 가이드

❶ 편안한 자세로 앉아 눈을 가볍게 감거나 반쯤 뜹니다.
❷ 호흡을 깊게 세 번 한 후 몸과 마음을 편안하게 이완합니다.
❸ 지금 이곳에 앉아있는 자신의 모습을 마음의 눈으로 봅니다. 자신을 환영하는 마음으로 부드러운 미소와 친절한 마음을 보냅니다.
❹ 자신을 향한 자애의 마음을 좀 더 분명하게 일으키고 싶다면, 가슴에 한 손 또는 두 손을 부드럽게 올려도 좋습니다.
❺ 그런 다음, 자신을 향한 따뜻한 마음으로 다음의 문구를 두세 차례 천천히 반복해 봅니다.
 (내가) 건강하고 행복하기를…
 (내가) 평화롭고 안전하기를…
 (내가) 괴로움에서 벗어나기를…
 (내가) _____ …(자신을 위한 자애 문구를 만들어 봅니다.)
❻ 이제는 좋아하는 친구나 존경하는 분 가운데 한 분을 떠올린 후 위의 자애 문구를 그를 향해 반복해 봅니다.
 (그가, 당신이) 건강하고 행복하기를…
 (그가, 당신이) 평화롭고 안전하기를…
 (그가, 당신이) 괴로움에서 벗어나기를…
 (그가, 당신이) _____ …(상대방을 위한 자애 문구를 만들어 봅니다.)
❼ 다음은 가끔 마주치는 사람, 좋지도 싫지도 않은 중립적인 대상을 한 분 떠올린 후 위의 자애 문구를 그를 향해 반복해 봅니다.
❽ 마지막으로 충만해진 자애의 마음을 나와 불편한 관계에 있는 사람을 떠올린 후 그를 향해 반복해 봅니다.
❾ 이제 자신의 호흡으로 돌아와 들숨과 날숨을 알아차리며 자연스럽게 호흡합니다.
❿ 천천히 부드럽게 눈을 뜹니다.

자애명상 Loving-kindness Meditation

🌙 자애명상의 집중도는 어느 정도였나요?   (   ) %

🌙 자신을 위한 자애 문구를 적어봅니다.

내가 _____ 기를

내가 _____ 기를

🌙 다른 사람을 위한 자애 문구를 적어봅니다.

당신이 _____ 기를

당신이 _____ 기를

🌙 자애명상을 하면서 새롭게 알아차린 것을 기록해 봅니다.

나는 나를 얼마나 알고 있을까?

활동 목표

서로 다른 관점에서 자신에 대한 이해를 높일 수 있다.
나와 남의 관계 속에서 자신이 어떤 성향을 지니고 있는지 이해한다.

도입

활동 목표를 이해한다.
진정한 자기 사랑에 대해 생각해 본다.

전개

나와 남이 모두 알고 있는 자신의 성향을 찾아본다.
남은 알지만 나 자신은 모르는 나의 성향을 찾아본다.
나만이 알고 있는 자신의 성향을 찾아본다.
나와 남이 모두 모르는 아직 발견되지 않은 나의 잠재력을 찾아본다.

정리

네 가지 질문을 통해 자신의 성향을 있는 그대로 받아들이고 어떤 점을 개선하면 좋을 지 정리해 본다.

나는 나를 얼마나 알고 있을까? How much do I know about myself?

나를 알아가는 길이 남과의 조화로운 소통의 지름길임을 우리는 잊고 살아가고 있습니다. 대인관계에서 내가 어떤 성향인지 아래의 네 가지 질문에 답해 봅니다.

- 나도 알고, 남도 아는 나의 모습

- 나는 알고, 남은 모르는 나의 모습

- 나는 모르고, 남은 아는 나의 모습

- 나도 모르고, 남도 모르는 나의 모습

네 가지 자신의 성향을 통해서 어떤 점을 개선하면 좋을까요?

WEEK 5

걷기명상 1

1. 걷기명상이란?

걷기명상은 걸으면서 걸음에 의식을 집중하여 마음을 알아차리는 명상법입니다. 우리는 아침에 기상하여 저녁에 취침할 때까지 대부분 걸으면서 생활합니다. 늘 걷고 있지만, 걷고 있다고 생각하지 못한 채 무의식적으로 걷고 있습니다. 만약, 한 걸음 한 걸음 걸을 때마다 의식을 발에 두고 걷는다면 일상생활에서 겪는 불필요한 생각이나 시시비비가 줄어들 것입니다. 부처님과 제자들이 걸식하는 모습을 예로 들어봅니다. 부처님께서는 일생 걸으면서 전법 활동을 했고, 식사 또한 걸식을 통해 해결했습니다. 또한, 제자들과 함께 걸식을 위해 걸어가는 모습을 본 사람들은 걷는 모습이 거룩해 깊은 감동과 신심(信心)을 일으켰다고 합니다. 이는 항상 길을 걸어 다닐 때 마음챙김을 하면서 걸었기 때문에 가능한 것입니다.

「몸에 대한 마음챙김 경」 M119:5·6

"비구들이여, 갈 때에는 '가고 있다'고 꿰뚫어 알고, 서 있을 때에는 '서 있다'고 꿰뚫어 알며, 앉아 있을 때에는 '앉아 있다'고 꿰뚫어 알고, 누워있을 때에는 '누워있다'고 꿰뚫어 안다. 또 그의 몸이 다른 어떤 자세를 취하고 있든 그 자세대로 꿰뚫어 안다."(중략) "비구는 나아갈 때도 돌아올 때도[자신의 거동을] 분명히 알아차리면서 행한다. 앞을 볼 때에도 돌아볼 때도 분명히 알아차리면서 행한다. 구부릴 때도 펼 때도 분명히 알아차리면서 행한다. 가사·발우·의복을 지닐 때도 분명히 알아차리면서 행한다. 먹을 때도 마실 때도 씹을 때도 맛볼 때도 분명히 알아차리면서 행한다. 대소변을 볼 때도 분명히 알아차리면서 행한다. 갈 때도 침묵할 때도 분명히 알아차리면서 행한다."

2. 걷기명상의 방법

걷기명상은 기본적으로 어떤 동작을 할 때, 자신이 하고 있는 동작과 그 동작을 하는 동안 일어나는 감각과 느낌 등을 분명하게 알아차리도록 하는 것에 있습니다. 무의식적으로 하는 행동을 의식적으로 인지함으로써 매 순간 머물러 있는 것이 아니라 끊임없이 일어나고 사라지는 일시적인 마음 상태라는 것을 깨닫게 하는 것입니다.

또한 걷기명상을 할 때 중요한 것은 '마음'에 주의를 집중하는 것입니다. 집중하다 보면

발을 들기 전에 발을 들고자 하는 마음의 의도가 먼저 일어난다는 사실을 발견하게 되고, 발을 내밀면서 내려놓기 전에 발을 내밀어서 내려놓고자 하는 마음의 의도가 먼저 일어난다는 사실을 발견하게 됩니다. 발을 들고, 나아가고, 놓는 것을 계속해서 주의를 집중하는 수행을 하다 보면, 우리는 특정한 행동을 하기 전에 반드시 그 특정한 행동을 하려고 하는 마음의 의도가 먼저 일어난다는 사실을 알아차릴 수 있습니다. 다리와 발의 감각을 알아차릴 수 있다면 자신의 마음 의도를 알아차릴 수 있게 됩니다.

3. 걷기명상의 효과

틱낫한 스님은 저서 『How To Walk』에서 '알아차림'과 '집중'이 있는 걷기명상을 통해 고요함에 이르러 기쁨과 평화와 행복함을 얻길 권장하고 있습니다. 또, "발걸음마다 도착하십시오. 그것이 걷기명상입니다. 그밖에 다른 것은 아무것도 없습니다. 걸음마다 저는 행복합니다. 한 걸음 한 걸음 즐길 수 없다면 걷기명상을 할 이유가 없습니다. 서 있는 동안 평화와 기쁨을 만들어낼 수 있도록 앉고 걷는 법을 배워야 합니다. 걸음마다 즐길 수 있도록 걷는 법을 배워야 합니다. 알아차림과 집중은 걷기의 품격을 더욱 높여줄 수 있습니다."라고 설명합니다.

그리고 「경행경」(A5:29)에서는 걷기명상을 많이 하면 다섯 가지 이익이 있다고 하였습니다. "(긴 도보) 여행을 감내할 수 있고, 정근(精勤)을 감내할 수 있고, 몸에 병이 적고, 소화작용이 잘 되고, 경행에 몰두하면 삼매에 오래 머물 수 있다." 움직이면서 키운 집중력은 빨리 풀어지지 않고 오래 유지됩니다.

실습 가이드

초보수행자인 경우, 걸으면서 하는 수행은 발목 아래의 느낌에 주시합니다.

❶ 가만히 서서 심호흡을 2~3회 합니다.
❷ 긴장감이 느껴지는 신체 부위가 있다면 심호흡하면서 긴장을 풀고, 편안하고 바른 자세로 서 봅니다.
❸ 손은 앞으로 혹은 뒤로 모아주고, 눈의 시선은 3~4m 앞으로 향하게 합니다.
❹ 걸음 걸음의 움직임과 함께 발바닥에서 느껴지는 감촉을 알아차려 봅니다.
❺ 걷는 동안 무거움·가벼움·딱딱함·흔들림 등의 감각을 있는 그대로 바라봅니다.
❻ 다른 생각이 일어난다면 그 생각을 알아차리고 다시 발걸음으로 돌아옵니다.
❼ 발목 아래에서 긴장이 느껴지면 편안하게 이완합니다.
❽ 걷다가 멈출 때는 멈춘다고 알아차리고, 몸을 돌릴 때는 돌린다고 알아차립니다.
❾ 잠시 앞에 펼쳐진 풍경을 있는 그대로 알아차립니다. 그리고 몸의 감각을 충분히 느껴보고 알아차립니다.
❿ 이제 나의 내면세계인 마음에 집중해 봅니다. 눈을 감아도 좋습니다.
⓫ 편안하게 호흡하고 바람이 피부에 닿는 느낌을 느끼면서, 걱정들을 하나 둘 가볍게 흘려보냅니다.
⓬ 몸과 마음이 가벼워질 수 있도록 걷기명상을 한 나에게 고마움을 전합니다.

걷기명상 Walking Meditation

☾ 걷기명상의 집중도는 어느 정도였나요?　(　　　) %

☾ 걷기명상 중 발바닥 (다리)에서 어떤 감각이 느껴졌나요?

☾ 걷기명상 중 마음에서는 어떤 생각이나 감정이 일어났나요?

☾ 걷기명상을 하면서 새롭게 알아차린 것을 기록해 봅니다.

봄 풍경 카메라에 담기

활동 목표

무심코 지나칠 수 있는 강의실 바깥 풍경에 관심을 갖는다.
내 눈에 비추어진 세상에 대해 이해한다.

도입

활동 목표를 이해한다.
'봄 풍경 카메라에 담기' 활동을 위한 준비를 한다.

전개

천천히 걸으면서 봄 풍경을 먼저 눈에 담는다.
들리는 소리와 향기, 손에 닿는 감촉을 충분히 음미한다.
내 눈에 비추어진 봄 풍경을 휴대폰 카메라에 담는다.
카메라에 담은 내용을 서로 나눈다.

정리

'봄 풍경 카메라에 담기' 활동에 대한 소감을 정리해 본다.

봄 풍경 카메라에 담기 Taking picture of spring view

다섯 가지 감각 기관에 집중하여 외부 대상을 지켜봅니다. 그리고 아래 질문에 답해 봅니다.

- 눈으로 본 것:

- 귀로 들은 것:

- 코로 냄새 맡은 것:

- 입으로 맛본 것:

- 손으로 만진 것:

다섯 가지 감각에 온전히 주의를 기울인다는 것은 어떤 느낌이었나요?

평소 몰랐던 것을 새롭게 알게 된 것이 있다면 무엇인지 적어 봅니다.

WEEK **6**

감사명상

1. 감사명상이란?

감사명상이란 삶이 우리에게 주는 좋은 것들에 대해 느끼는 고마운 마음을 주제로 합니다. 예를 들면 진심으로 감사하는 순간과 사람, 경험 등을 떠올리는 것입니다. 이를 통해 우리를 더욱 행복하게 해주고, 삶을 더욱 소중하고 만족스럽게 여기도록 도와주는 명상법입니다. 감사의 사전적 의미는 '도움을 받거나 은혜를 입어 마음에 차오르는 흐뭇하고 벅찬 감정을 표시하는 인사' 혹은 '내가 노력한 이상으로 주어진 것에 대한 긍정적인 정서의 감정과 표현'입니다. 이러한 긍정적인 감정의 표현인 '감사'는 긍정심리학에서 강조하는 인간의 감정 중 하나이기도 합니다. 이처럼 우리가 감사하는 대상이나 사건에는 어느 특정한 개인이나 대상만이 아니라 이 세상의 수많은 인연과 자연 등에 연기적 작용으로 일어납니다.

『증일아함경』 권11, 「선지식품」

"이 세상에서 아버지와 어머니 두 사람에게는 아무리 착한 일을 많이 하더라도 그 은혜를 갚을 수가 없다. 수행자들이여, 어떤 사람이 왼쪽 어깨에 아버지를 모시고, 오른쪽 어깨에 어머니를 모시고 천년만년 의복·음식·평상·침구와 의약을 풍족하게 공양하고, 그 부모가 어깨 위에 오줌·똥을 누더라도 자식은 그 은혜를 다 갚지 못할 것이다. 그대들은 알아야 한다. 부모님의 은혜는 지중하다. 우리를 안아주고 길러주고 때때로 보살펴 주기를 쉬지 않은 까닭에 우리는 해와 달을 보게 된 것이다. 그래서 그 은혜를 다 갚기 어렵다고 한다. 그러므로 부모에게 공양하고 효순하되 그 시기를 놓치지 말아라."

감사명상은 여러 가지 주제로 할 수 있지만 모든 존재에 대해 차별 없이 감사함과 은혜로움을 가질 수 있는 존재에게 하는 것이 좋습니다. 특히 나라는 존재를 이 세상에 태어나게 해주신 부모님의 은혜, 자기 신체, 자연에 대한 감사 등을 들 수 있습니다. 감사명상은 바로 부처님의 연기법에 대한 이치를 실제 몸으로 체험하는 것입니다. 몸으로 연기법을 깨닫게 되면, 세상에는 감사할 일이 많다는 것을 깨닫게 됩니다. 작은 것에서부터 감사하는 마음을 가짐으로써 대인관계나 자연과의 관계에서도 마음이 한층 풍성해지고 평화로워지며 안정될 수 있습니다.

2. 감사명상의 지혜(긍정의 지혜)

감사하는 마음은 상대방에 대한 믿음을 키우고 정서적으로 안정되는데 도움을 줍니다. 또한 분노와 불안, 우울 등과 같은 부정적 정서와 스트레스 지수를 낮추고, 삶에 대한 만족을 높여줍니다. 우리의 행복감과 자존감이 향상될 뿐 아니라, 수면의 질과 양이 좋아지는 데도 도움을 줄 수 있습니다. 이렇게 감사하는 마음은 우리 안의 사랑과 친절 같은 긍정적 정서를 증가시켜서, 자연스럽게 타인을 향한 부정적 정서가 줄어들고 상대의 고통이 줄어들기를 바라는 자비의 마음으로 이어지게 됩니다. 결국 감사명상을 통해 삶의 만족도와 행복감을 증가시킬 수 있습니다.

3. 감사명상의 효과

최근 연구에 따르면 감사한 마음을 충분히 경험한 사람들일수록 더 행복하고 삶의 만족도가 높다고 합니다. 우리 마음은 즐거운 대상을 만나면 행복하고 즐거운 감정을 일으키게 하는 신경전달물질인 도파민과 세로토닌이 분비됩니다. 일상생활에서 늘 감사함이 충만한 사람은 세로토닌과 도파민 분비가 많아 삶의 질이 높고 행복감을 느끼는 것입니다.

또한 감사의 마음을 느낀 사람들이 타인을 도울 가능성이 더 크다고 합니다. 타인에게 도움을 받거나 은혜를 입게 되면 고마운 감정을 느껴 자신도 남을 돕고 싶어 하는 마음이 생기게 됩니다. 이러한 감사의 마음은 타인과 좋은 상호관계를 맺는데 중요한 요소로 작용할 뿐만 아니라, 자신의 뇌와 몸에도 긍정적인 영향을 끼치게 됩니다. 이것은 단순히 감사가 개인적인 행복감을 넘어, 더욱 협력적인 인간관계와 사회로 진화하는 데 중요한 역할을 한다는 것을 보여줍니다. 감사를 통한 긍정적 정서 함양은 뇌의 스트레스를 감소시키고, 신체 건강을 증진해 준다는 연구 결과도 있습니다.

실습 가이드

╱ 몸에 대한 감사 ╱

① 편안한 자세로 앉아 눈을 가볍게 감거나 반쯤 뜹니다.
② 호흡을 깊게 세 번 한 후 몸과 마음을 편안하게 이완합니다.
③ 호흡이 편안해지면 주의를 발끝으로 가져가 봅니다.
④ 의식을 발끝에서부터 천천히 몸의 각 부위를 스캔하면서 이동합니다.
⑤ 양쪽 발에 주의를 가져가 봅니다. 발이 자신을 위해 수고하고 있음을 생각하면서 감사하는 마음을 보냅니다. 특히 이 작은 발바닥으로 우리의 온몸을 지탱하면서 우리가 원하는 곳을 항상 불평하지 않고 데려다주는 수고에 감사를 표해 봅니다. 만일 발에서 불편한 느낌이나 감각이 있다면 잠시 그 부위에 머무르면서 발의 불편함에 따뜻한 위로를 보내고, 좀 더 일찍 불편함을 알아차리지 못한 것에 대해서 진심 어린 사과를 보냅니다.
⑥ 이번에는 주의를 발목-종아리-무릎-허벅지-엉덩이-배-등-가슴-어깨-목-입-귀-코-눈-이마-정수리 순으로 천천히 몸의 각 부위와 대화하면서 이동해 봅니다.
⑦ 이처럼 발끝에서 정수리까지 몸의 각 부위로 천천히 주의를 이동하면서 몸의 각 부분이 맡은 역할과 선한 작용에 감사함을 보냅니다.
⑧ 무엇이든 원하는 것을 손으로 만지고 잡을 수 있게 해주는 팔과 손, 아름다운 것을 볼 수 있고, 사랑하고 좋아하는 사람들을 볼 수 있게 해주는 눈에 감사함을 표현할 수도 있습니다.
⑨ 아름다운 소리를 듣게 해주는 귀, 언제든지 우리의 뜻을 말로 표현할 수 있게 해주는 입과 혀, 냄새를 맡을 수 있는 코 등 우리 몸 각 부분의 역할을 알아주고 감사를 표현해 봅니다.
⑩ 충분하다고 느껴질 때 천천히 눈을 뜹니다.

감사명상 Gratitude Meditation

● 감사명상의 집중도는 어느 정도였나요?　(　　　) %

● 감사명상 중 몸에서 어떤 감각이 느껴졌나요?

● 감사명상 중 마음에서는 어떤 생각이나 감정이 일어났나요?

● 감사명상을 하면서 새롭게 알아차린 것을 기록해 봅니다.

나에게 소중한 사람

활동 목표

나에게 소중한 사람을 생각할 때 떠오르는 감사함을 느껴 본다.
소중한 사람의 삶을 통해 긍정적인 마음을 키운다.

도입

활동 목표를 이해한다.
나에게 소중한 사람이 누구인지 잠시 떠올려 본다.

전개

나에게 소중한 사람을 생각했을 때 떠오르는 단어를 찾아 본다.
왜 이 단어가 떠올랐는지 그 이유를 적어 본다.
소중한 사람을 생각했을 때 느껴지는 감정이 무엇인지 이야기해 본다.
내가 다른 사람에게도 소중한 사람이 되고 있는지 생각해 본다.

정리

소중한 사람의 감사함을 알고 마음속에 깊이 새겨 본다.

나에게 소중한 사람 My important person

나에게 소중한 사람이 누구인지 말해 봅니다. 그리고 소중한 사람을 생각하면 떠오르는 단어를 적어 봅니다.

- 나에게 소중한 사람은 누구인가요?

- 그 사람을 생각하면 떠오르는 단어는 무엇인가요?

- 왜 이 단어가 떠올랐는지 이유를 적어 봅니다.

WEEK

7

만다라명상

1. 만다라명상이란?

만다라명상은 다양한 색깔과 균형잡힌 원이나 이미지를 마음챙김과 알아차림 하면서 표현하는 명상법입니다. 만다라는 산스크리트의 본질을 의미하는 만다(manda)와 소유를 의미하는 접미사 라(la)의 합성어입니다. '본질을 가진 것'이라는 뜻으로 '원(圓)' 또는 '중심(中心)'을 의미합니다. 만다라 원 속에는 모든 우주의 가르침이 집합되어 있으며 법(Dhamma)을 원만히 갖추어 결함 없이 가장 원만하다는 뜻입니다. 이는 마치 수레바퀴의 여러 살이 한 곳으로 몰려 있듯이, 나를 비롯한 살아있는 모든 생명이 우주의 핵심이며 그것과 하나가 되고자 하는 마음이 한 원을 중심으로 모여 있는 상태를 형상화한 것이 만다라입니다. 밀교의 경전 『대비로차나성불신변가지경』에는 만다라를 다음과 같이 정의합니다.

『대비로차나성불신변가지경』

이때 금강주비밀주가 다시 부처님께 여쭈었다.
"세존이시여, 무엇을 만다라라고 합니까, 만다라는 무슨 뜻입니까?" 부처님께서 말씀하셨다. "모든 부처님을 출생하게 하는 것이 만다라이다. 비교할 수 없는 최고의 맛이며 더할 바 없는 맛이다. 그래서 만다라라고 한다. 비밀주여, 끝없는 중생들을 사랑하기 때문에 이를 큰 연민의 모태에서 생긴다고 한다. 이것은 만다라의 넓은 뜻이다."

'원'이란 뜻의 만다라는 둥글게 두루 갖춤을 의미하는 원만으로 이해되기도 합니다. 사상적으로는 어떤 것을 형성하는데 필요한 요소나 부분이 단 하나라도 빠짐없이 완전하게 갖춰진 상태를 의미합니다. 불교에서는 부처님의 깨달음의 경지, 즉 진리의 세계를 상징적으로 표현하여 깨달음에 이르게 하는 안내도가 만다라입니다.

정신과 의사이자 분석심리학의 선구자 칼 융(Carl Gustav Jung)은 만다라를 직접 그리는 경험을 통해서 눈에 보이지 않는 자신의 무의식을 탐구했고 만다라의 우주적, 영적인 의미를 발견했습니다. 그는 마음수행의 지혜인 만다라를 새롭게 재발견하여 현대 심리치료에 도입했습니다.

2. 만다라명상을 하는 방법

만다라는 명상을 위한 영적인 도구입니다. 흙 위에 그리거나, 벽이나 종이, 천 등에 그리기도 하고 때로는 입체적인 형태를 가진 만다라를 만들기도 합니다. 가장 단순한 형태에서 시작하여 기하학적 패턴으로 상징적인 의미를 부여하여 만듭니다. 만다라 안에 나타나는 다양한 이미지들은 에너지의 표현이자 무의식의 메시지입니다. 색채와 도형은 내면의 중심을 다시 일으켜 세우며, 막히고 끊겼던 파동 에너지가 다시 풀리고 정렬되며 연결하고 확장하는 것을 반복하면서 점차 균형과 조화로 나아갈 수 있도록 합니다. 이미지를 통해 시각적으로 인식하는 것은 우리 뇌에 강한 자극을 주기 때문에 내면의 변화는 더욱 강력하게 일어납니다. 만다라명상을 할 때는 편안한 명상 자세에서 자기의 몸과 마음을 전부 만다라에 집중합니다. 이런 과정을 통해 마침내 자기 자신이 만다라의 중심으로 변하고, 모든 존재의 소중한 의미를 바르게 알 수 있습니다.

3. 만다라명상의 효과

만다라명상은 하나의 둥근 원을 만나는 것에서 시작합니다. 둥근 원은 텅 비어 있지만 고요함으로 가득합니다. 둥근 원을 가만히 바라보고 있으면 어느새 초조하고 불안한 마음이 고요하게 잠잠해집니다. 따뜻하고 부드럽게 보호하는 에너지를 가지고 있는 원이 나의 거친 마음을 포근하게 감싸주기 때문입니다. 그리고 집중력과 몰입을 통해 마음이 안정되고 평화로운 알파파의 명상적 상태가 됩니다.

만다라명상에 집중하는 동안 삶을 꾸려나갈 수 있는 내적 자신감과 힘이 키워집니다. 이 명상을 통해 불안감이나 스트레스에서 벗어나 마음의 고요한 중심을 회복할 수 있습니다. 또한, 무의식의 의식화 작업을 통해 몸과 마음을 치유하고 내면과 외면의 조화와 균형을 이룰 수 있습니다.

선을 그리고 색깔을 칠하는 과정에서 온전한 몰입감을 경험할 수 있으며 그로 인해 몸의 이완과 마음의 안정을 얻게 됩니다.

실습 가이드

❶ 먼저 준비된 만다라 도안 종이와 색연필을 앞에 가지런히 두고 편안한 자세로 자리에 앉습니다.
❷ 만다라명상을 하는 동안 전 과정을 알아차림을 하겠다는 의도를 일으킵니다.
❸ 자연스럽게 호흡하면서 떠오르는 감정들을 알아차립니다.
❹ 만다라 도안에 자신이 원하는 색깔로 자유롭게 색을 칠하거나 선으로 채워도 됩니다.
❺ 어떤 색깔로 칠해도 괜찮습니다. 정해져 있지 않습니다.
❻ 도안에 색이 다 채워지지 않아도 괜찮습니다.
❼ 그저 마음에서 일어나는 것을 온전하게 알아차림을 하면 됩니다.
❽ 만다라 도안을 완성했다면 편안한 자세로 앉습니다.
❾ 천천히 호흡과 함께 '나의 온전함'을 느껴봅니다. 만다라명상을 하는 중 몸에서 느껴지는 감각들, 불편한 감정들이 있다면 그대로 받아들이고 다시 부드럽게 호흡합니다.
❿ 호흡하면서 천천히 눈을 뜹니다.

만다라명상 Mandala Meditation

◐ 만다라명상의 집중도는 어느 정도였나요?   (   ) %

◐ 만다라명상 중 몸에서 어떤 감각이 느껴졌나요?

◐ 만다라명상 중 마음에서는 어떤 생각이나 감정이 일어났나요?

◐ 만다라명상을 하면서 새롭게 알아차린 것을 기록해 봅니다.

멋진 경험들을 말해 봐요

활동 목표

경험을 통해서 '나다움'에 대해 올바르게 이해한다.
내가 좋아하는 것에 대한 답을 구하고 진정한 '나다움'과 만난다.

도입

활동 목표를 이해한다.
내가 지금까지 어떤 경험들을 했는지 떠올려 본다.

전개

직접적인 경험을 통해 알게 된 내가 좋아하는 것이 무엇인지 생각해 본다.
직접적인 경험을 통해서 좋아하는 것들을 적어 본다.
자신에게 부족한 영역의 경험을 생각해 본다.
경험을 통해 자신이 좋아하는 것을 옆 사람과 나눈다.

정리

내가 좋아하는 것을 발견한 활동을 통해서 느낀 점을 정리해 본다.

멋진 경험들을 말해 봐요 Share us your marvelous experience

'나다움'을 찾기 위해 자신이 직접 경험해 본 것 중에서 좋아하는 것이 무엇인지 생각해 봅니다.

- 직접 경험을 통해 알게 된 내가 진짜 좋아하는 것들 다섯 가지를 적어 봅니다.

    ❶

    ❷

    ❸

    ❹

    ❺

- 나에게 부족한 영역의 경험은 어떤 것인지 생각해 봅니다.

- 자신이 경험하기를 두려워하는 것이 있는지, 있다면 그 이유에 대해 간단히 적어 봅니다.

WEEK **8**

몸관찰명상

1. 몸관찰명상이란?

몸관찰명상은 신수심법 4념처명상 중에서 몸관찰(신념처)명상과 느낌관찰(수념처)명상에 해당하는 방법입니다. 몸관찰명상에는 호흡명상, 행주좌와 4가지 동작명상, 일상속의 모든 움직임을 관찰하는 분명한 알아차림명상, 4대(四大)관찰명상 등이 있습니다. 그리고 느낌관찰명상에는 신체적인 느낌(감각)을 관찰하는 방법과 정신적인 느낌을 관찰하는 방법이 있습니다.

여기서 몸관찰명상이라고 하는 것은 몸의 신체적인 느낌, 즉 감각을 중점적으로 관찰하는 명상입니다. 몸에는 늘 감각들이 있습니다. 외부의 기온이나 옷의 접촉, 먹은 음식이나 음료, 생각들 때문에도 감각이 일어납니다. 몸의 감각은 정신적 느낌보다 분명하고 거칠며 구체적인 대상이기 때문에 좋은 관찰 대상이 됩니다. 몸관찰명상에 대한 근거는 「허공경(S36:12)」과 「객사경(S36:14)」에서 찾아볼 수 있습니다.

「허공경」(S36:12)

"허공에는 갖가지 바람이 불고 있다. 동에서 오는 바람, 서에서 오는 바람 북에서, 남에서 오는 바람, 먼지 섞인 바람, 먼지 없는 바람, 더운 바람 찬바람, 부드러운 바람, 거센 바람들이다. 그와 같이 이 몸속에서도 갖가지 느낌이 일어난다. 즐거운 느낌이 일어나기도 하고 괴로운 느낌이 일어나기도 하고 괴롭지도 즐겁지도 않은 느낌들이 일어나기도 한다…. 수행자는 느낌을 두루 통찰함으로써 바로 이생에서 번뇌가 멸진하며, 몸이 무너질 때엔 법에 확고히 주하며 헤아림으로는 미치지 못할 지혜의 달인일지니."

몸에는 다양한 느낌(감각)들이 일어납니다. 그러나 명상하는 사람은 즐거운 느낌이 일어나든, 괴로운 느낌이 일어나든, 느낌과 감각에 휩쓸리지 않고 평정심으로 관찰해야 합니다. 있는 그대로의 느낌을 지켜봄으로써 느낌들이 고정되거나 영원한 것이 아니라 순간순간 변화하고 있음을 알아차리게 됩니다.

2. 몸관찰명상의 방법

몸관찰명상은 몸 전체에서 느끼는 감각들을 관찰하는 방법입니다. 이 명상법은 앉은 자세로 할 수도 있고, 누운 자세로 할 수도 있습니다. 앉아서 하는 몸관찰명상은 머리 정수리의 감각부터 시작하여 발끝까지 차례대로 내려오면서 알아차립니다.

제일 먼저 머리 정수리에 주의를 둡니다. 30초 내지 1분간 머리 정수리에 주의력을 머물게 하고, 그 부분의 느낌 감각을 알아차립니다. 따듯함, 간지러움, 떨림, 움직임, 가려움 등 어떤 감각이 알아차려지면 그것들을 가만히 관찰합니다. 즐거운 감각이나 불편한 감각일지라도 그것을 없애려고 하지 말고 그저 자각합니다. 그런 다음 머리 뒤통수로 주의를 옮겨갑니다. 그 부분에서 잠시 머물면서 감각을 알아차립니다. 그 다음엔 얼굴-목-오른쪽 어깨, 오른 팔, 왼쪽 어깨, 왼팔 전체, 몸통의 앞부분에서 가슴 부분, 윗배 아랫배, 몸통의 뒷부분에서 등판, 허리, 엉덩이와 골반, 오른쪽 허벅지, 종아리, 오른발, 왼쪽 허벅지, 종아리, 왼발. 이런 순서대로 계속 움직이면서 감각들을 관찰합니다. 이렇게 위에서 아래로 관찰하다가 나중에는 아래에서 위로 거슬러 올라가면서 주의 집중합니다.

몸을 관찰하다 보면 통증이나 불편함이 있을 수도 있고, 마음에서도 갑갑함이나 짜증이 느껴질 수 있습니다. 혹은 열이 나기도 하고 땀이 많이 나기도 합니다. 이런 경험은 누구나 겪을 수 있는 자연스러운 현상이며 정화의 과정으로 해석할 수도 있습니다.

그저 평정심을 가지고 느낌과 감각을 있는 그대로 보려고 하고, 변화하고 사라지는 조건 발생으로 봅니다. 그러면 부정적인 마음을 일으키지 않으면서 현재 이 순간에 온전하게 머물 수 있습니다.

3. 몸관찰명상의 효과

몸관찰명상은 몸의 감각에 온전하게 머물면서 과거나 미래로 방황하는 습관을 멈추게 합니다. 현재 이 순간 몸의 감각과 접촉함으로써 자기의 몸에 대해서 분명하게 이해할 수 있고 심신의 이완이 일어납니다. 그리고 몸의 감각들이 고정되어 있거나 영원하지 않다는 것을 통찰하게 됩니다. 감각뿐만 아니라 마음 또한 끊임없이 변화하고 있다는 것을 지혜로 알게 됩니다. 이것을 통찰지혜라고 합니다. 이러한 지혜를 얻게 되면 자신이나 자신이 경험하는 세상을 좀 더 바르게 볼 수 있습니다.

실습 가이드

❶ 편안한 자세로 앉아 눈을 가볍게 감거나 반쯤 뜹니다.
❷ 호흡을 깊게 세 번 한 후 몸과 마음을 편안하게 이완합니다.
❸ 주의력을 머리 정수리에 둡니다. 잠시 정수리에 머물면서 감각을 알아차립니다.
❹ 지금 현재 어떤 감각들이 느껴지는지 알아차려 봅니다. 거친 감각이든 미세한 감각이든 혹은 무감각이든 상관없습니다. 그저 정수리에 마음챙김을 하면서 주의를 기울이면 됩니다.
❺ 머리 뒤통수에 주의를 옮겨갑니다. 그 부분에 잠시 머물면서 감각들이 어떠한지 마음의 눈으로 살펴봅니다.
❻ 이마부터 얼굴-귀를 포함한 얼굴의 측면-목-오른쪽 어깨-오른팔 윗부분-팔꿈치-아랫부분-오른손까지 주의를 이동하면서 감각을 살펴봅니다. 왼팔도 동일한 순서로 옮겨가면서 관찰하면 됩니다.
❼ 몸통의 앞부분을 주시합니다. 가슴-복부 전체 그리고 몸통의 뒷부분에서 등판-허리를 알아차립니다. 없는 감각을 찾으려고 할 필요 없고 현재 이 순간 일어나는 느낌을 단지 알아차리고 자각합니다.
❽ 오른쪽 허벅지-무릎-종아리-오른발을 주시합니다. 왼쪽 다리도 동일한 방법으로 옮겨가며 천천히 주의 깊게 관찰합니다.
❾ 머리 정수리부터 발끝까지, 위에서 아래로 관찰을 한 뒤에는 발끝에서 머리 정수리까지 거슬러 올라가면서 차례대로 관찰합니다.
❿ 이런 방법으로 주어진 시간만큼 몸의 감각을 자연스럽게 알아차려 봅니다. 시간이 되었다면 그 상태 그대로 1~2분 휴식하다가 명상을 마무리 합니다.

위에서 아래로, 아래에서 위로 몸을 관찰하는 명상

(* 누운 자세로 할 때도 위와 동일한 방법으로 하면 됩니다.)

몸관찰명상 Body Observation Meditation

☾ 몸관찰명상의 집중도는 어느 정도였나요?   (   ) %

☾ 몸관찰명상 중 몸에서 어떤 감각이 느껴졌나요?

☾ 몸관찰명상 중 마음에서는 어떤 생각이나 감정이 일어났나요?

☾ 몸관찰명상을 하면서 새롭게 알아차린 것을 기록해 봅니다.

음악명상

1. 음악명상이란?

음악명상은 음악이나 소리에 주의를 집중하여 마음챙김함으로써 몸과 마음의 균형과 조화를 도와주어 마음의 평안을 찾게 해주는 명상법입니다. 휴대용 전자기기 등을 통해 음악을 가까이하는 현대인이라면, 언제 어디서든지 누구나 손쉽게 할 수 있다는 장점을 가지고 있습니다. 악기의 공명은 사람들의 마음이 보다 빨리 안정될 수 있도록 도움을 줍니다. 음악소리를 활용한 명상은 멜로디와 리듬 등의 음악적 요소를 갖춘 음악을 이용한 '음악명상'과 단순한 소리를 활용한 '소리명상'으로 구분하기도 합니다.

불교에서는 소리를 듣는 행위를 넘어 그 소리를 듣는 마음을 관찰하는 수행법을 반문문성(返聞聞聲)으로 설명하고 있습니다. 즉 소리를 매개로 하여 소리를 듣는 자신의 성품을 돌이켜 비춰봄으로써 불성을 깨달아가는 수행법입니다.

『능엄경』「관세음보살의 이근원통」

"듣는 성품으로 들어가서 닦으니, 마침내 들을 바가 없어지고, 들을 바와 들어가는 것이 고요해지더니, 고요함과 시끄러움도 사라졌습니다. 이와 같이 점점 더 나아가니 들음과 들을 바가 모두 없어지고, 들음이 없어졌다는 것까지 사라져서, 깨달음과 깨달을 바가 다 함께 공(空)해졌습니다. 나아가 공하다는 깨달음과 공한 바마저 아주 사라져서 생과 멸이 모두 소멸하여, 고요하고 소멸한 것만이 앞에 나타났습니다."

2. 음악명상의 기원 및 활용

고대부터 주술과 치유, 기원의 목적으로 음악이 사용돼 왔다는 점에서 음악명상의 기원을 찾아볼 수 있습니다. 고대 원시 부족에서는 주술적 의식을 위해 음악을 사용했고 치유를 위해 리듬과 선율을 사용했습니다. 이러한 음악이 가진 치유의 힘을 적극적으로 활용한 것이 현대의 음악명상이라고 할 수 있습니다. 더 나아가 음악을 들으면서 끊임없이 떠오르고 사라지는 산란한 마음을 음악에 집중하도록 하는 방법을 사용합니다. 그 음들이 이끌어내는 내면의 생각, 감정 등을 비판 없이 수용하면서 떠오르는 심상에 초점을 맞추어 관찰하는 방법으로 응용되기도 합니다.

음악명상에 도움이 되는 음악의 종류로는 클래식음악, 불교·기독교·이슬람교 등 전통적 종교음악, 국악 등의 각국 민속음악, 차크라음악, 뉴에이지음악 등이 주로 쓰이지만 가요나 팝송, 록 음악까지 모든 분야를 망라할 수 있습니다. 편안하고 안정감이 느껴지는 명상음악 등을 이용하면 더욱 좋은 효과를 볼 수 있으며, 자신이 좋아하는 음악을 선택해도 좋습니다. 처음에는 3분 이내의 짧은 곡에서 시작하여 점점 긴 곡으로 늘려가며 실습하도록 합니다.

3. 음악명상의 효과

　뇌과학 연구에 의하면 음악명상은 사람의 뇌피질을 활성화함으로써 마음의 균형과 평화를 유지하는 알파파(8~12Hz)를 유도할 수 있습니다. 알파파는 혼란스러운 마음을 편안하게 안정시켜주며, 두뇌활동의 상태를 최적의 상태로 만들어주고, 기억력과 창의력을 높여줄 뿐 아니라 특히 집중력을 비약적으로 높여준다고 합니다. 또한 신체의 균형을 이루면서 혈액 순환이나 신진대사, 내분비선의 활동을 증진하는 등의 생리적인 영역은 물론이고, 마음속 깊이 자리 잡은 내면의 상처를 치유할 뿐만 아니라 감정의 찌꺼기들을 정화할 수 있는 등 심리적 영역에까지 이르고 있습니다. 전반적으로 음악명상은 뇌파의 긍정적인 변화, 자율신경계의 협조능력 향상, 근육의 이완작용, 스트레스 해소, 집중력 향상, 심리적 안정 등에 도움을 줍니다.

음악명상 실습 가이드

명상음악 활용

❶ 조용한 장소를 선택한 후 편안한 자세를 취합니다.
원한다면 소파나 침대에 누워도 좋습니다.
❷ 비트가 강하지 않은 안정되고 편안한 음악을 준비하여 재생합니다.
❸ 음량을 적절하게 조절한 후 부드럽게 눈을 감고 자연스럽게 호흡합니다. 음량이 너무 크면 산란해지고, 음량이 너무 작으면 집중하는데 어려움이 있을 수 있으니 자신에게 맞는 음량으로 조절합니다.
❹ 들려오는 음악 소리에 주의를 두면서 오직 듣기만 합니다.
❺ 어떤 악기인지, 음악이 좋은지 싫은지 판단하거나 분별하지 않고 들려오는 음악소리를 듣고 있는 것에 주의를 둡니다. 다만 듣는 소리를 알아차립니다.
❻ 중간에 음악 소리를 놓치고 다른 생각에 빠져 있음을 알아차렸다면, 곧바로 다시 소리에 집중합니다.
❼ 음악명상은 음악을 집중해서 듣는 음악감상이 아닙니다. 음악을 도구로 마음챙김을 하는 것이 더 중요하므로 생각이 일어나면 생각을 알아차리고, 다른 감각이 느껴진다면 그것을 알아차린 후 다시 들리는 소리에 주의를 둡니다.
❽ 이제, 음악을 따라가면서 자기의 몸과 마음에서 느껴지는 감정과 느낌을 알아차려 봅니다.
❾ 준비한 음악이 끝났다면 자연스럽게 호흡하면서 음악명상을 한 느낌을 알아차려 봅니다.
❿ 그 느낌들에 충분히 머물렀다고 느껴질 때 천천히 눈을 뜹니다.

다양한 명상음악

거울 속 거울-
Arvo Pärt

Kiss the Rain-
Yiruma

Sunny Mornings-
Peder B. Helland

Mozart -
Piano Concerto

음악명상 Music Meditation

☾ 음악명상 집중도는 어느 정도였나요?   (   ) %

☾ 음악명상 중 몸에서 어떤 감각이 느껴졌나요?

☾ 음악명상 중 마음에서는 어떤 생각이나 감정이 일어났나요?

☾ 음악명상을 하면서 새롭게 알아차린 것을 기록해 봅니다.

나만의 음악 목록을 소개해요

활동 목표

음악이 지닌 감정적 돌봄을 이해한다.
음악을 통해 지금 이 순간에 집중하는 능력을 배양한다.

도입

활동 목표를 이해한다.
자신이 좋아하는 음악을 찾아본다.

전개

나에게 위로가 되는 음악 목록을 적어 본다.
한 곡을 선택해서 온전히 집중하여 들어 본다.
위로가 되는 가사를 음미하고 적어 본다.
이 가사가 위로가 된 이유에 대해 나누어 본다.

정리

자신에게 위로가 되는 가사가 담긴 음악을 듣고 느낀 점을 정리해 본다.

나만의 음악 목록을 소개해요 Introducing my playlist

음악을 들으면서 지금 이 순간에 집중해 봅니다.

- 나에게 위로를 전하는 음악 목록을 적고 그중 한 곡을 들어 봅니다.

    ❶

    ❷

    ❸

- 위로가 되는 가사를 적어 봅니다.

- 왜 이 가사가 나에게 위로가 되었나요?

차명상

1. 차명상이란?

차명상은 차를 마시는 행위의 전 과정을 알아차리는 명상법입니다. 즉 차를 마시기 위해서 준비하는 과정에서부터 차를 마시면서 음미하는 과정을 관찰하는 것입니다. 또 차를 마시고 난 뒤에 뒷정리하는 모든 과정에서 일어나는 감각과 느낌, 생각, 기억 등을 알아차리고 자각하면서 이 모든 순간이 명상이 되도록 하는 것입니다. 차를 마시는 행위 속에는 이들 5가지 감각기관과 감각 대상, 그리고 의식과 의식의 대상이 서로 잘 어우러져서 일어나기 때문에 차를 마시면서 5가지 감각을 알아차리기에 아주 좋은 명상법입니다. 이러한 차명상은 오랜 역사가 있는 선불교 전통 속에 특히 잘 녹아있습니다. 예로부터 한국, 중국, 일본을 중심으로 동아시아에서는 차를 선승들의 수행에 도움을 주는 음료로 여겼으며, 다선일미(茶禪一味, 차와 선은 한 맛)라 하여 수행자들이 즐겨 마셨습니다. 차명상은 바쁜 현대인들에게 명상하는 시간을 따로 마련하지 않고서도, 평소에 자신이 즐겨 마시는 음료를 통해 마음챙김을 연습할 수 있습니다.

『초의시고(艸衣詩藁)』

"예로부터 성현들은 모두 차를 사랑했으니
차는 군자와 같아 그 성품에 삿됨 없네.
인간이 처음 풀과 차를 가려 맛보게 된 것은
멀리 눈 쌓인 봉우리에서 이슬 머금은 어린 찻잎 따면서이네.
법에 맞게 만들어 품질을 나누었고
옥단지에 가득 담아 비단으로 싼다네.
황하 최상류의 물을 찾으니
여덟 가지 덕을 고루 갖춰 더욱 아름답구나.
깊이 길어 가볍고 연한 물 한 번 맛보면
참된 정기 조화로워 체(體)와 신(神)이 열리네.
추하고 더러움 없애야 정기가 스미나니
큰 도를 이루는 것이 어찌 멀다 하겠는가."

2. 차명상의 마음챙김 대상

찻잔과 차, 물을 끓이는 행위에서 일어나는 손의 감각, 찻잔에 담긴 찻물의 빛깔, 찻잔에 떨어지는 찻물의 소리, 찻잔을 잡는 손의 감촉을 느껴 봅니다. 찻잔이 가까이 오면서 선명해지는 차 향기, 한 모금의 차를 머금을 때의 맛 등 모든 동작의 흐름 속에서 일어나는 움직임과 감각을 알아차리고 변화를 관찰하는 것이 차명상의 핵심입니다. 이 외에도 차를 준비하는 과정에서 끓는 물소리, 찻잔의 모양과 색깔, 차의 모양, 향기 등 무수히 많은 동작과 감각 경험들이 있습니다. 그런데 차명상에 익숙하지 않은 사람이 모든 순간을 놓치지 않고 관찰하거나 알아차리려고 하면 오히려 마음이 긴장될 수도 있습니다. 그런 경우에는 위에 제시된 내용 중 1~2가지에만 주의를 기울여 보기 바랍니다.

3. 차명상의 효과

동양의 선(禪) 수행자들은 다선일미라고 하여 차를 끓여 마시는 일과 선을 통해 마음을 닦는 수행이 다르지 않다고 보았습니다. 차를 마시는 그 자체가 깨달음의 모습이며 매 순간 깨어있는 마음상태를 유지하는데 효과적인 수행법으로 여겨왔습니다.

차명상에서는 특별히 차의 종류를 제한하지는 않지만, 전통적으로 녹차, 홍차, 보이차 등 차나뭇잎으로 만든 차를 추천합니다. 그 이유는 차에 함유된 카페인의 각성 효과와 테아닌(Theanine)의 이완 효과를 통해 맑은 심신 상태로 회복하는 데 보다 효과적일 수 있기 때문입니다. 각성 성분만 있다면 자칫 긴장으로 연결될 수 있지만, 테아닌의 이완작용이 보조해 주고 카테킨(Catechin) 성분이 카페인의 흡수를 조절해 주기 때문에 여타의 음료보다 깊이 있는 명상수행에 도움을 줍니다. 이처럼 차명상은 카테킨의 항산화 작용, 카페인의 감각 운동기능의 촉진 및 각성효과, 탄닌 성분의 몸속 독소를 배출시키는 해독작용, 테아닌의 이완 효과를 통해 안정감, 편안함, 집중력 향상에 효과적인 명상법입니다.

실습 가이드

① 차명상에 필요한 준비를 한 다음, 편안한 자세로 앉아 눈을 가볍게 감거나 반쯤 뜹니다.
② 호흡을 깊게 세 번 한 후 몸과 마음을 편안하게 이완합니다.
③ 자연스럽게 호흡하면서 들숨과 날숨을 알아차려 봅니다.
④ 준비되면 눈을 부드럽게 뜨고 차를 준비합니다.
⑤ 차를 준비하는 모든 과정의 동작들 하나하나를 알아차리면서 천천히 준비합니다.
⑥ 차가 준비되면 잠시 찻잔에 담긴 차의 색깔을 음미합니다. 찻잔 온도도 느껴봅니다.
⑦ 차 한 잔이 나에게 오기까지 햇빛과 달빛, 비와 바람 등을 포함하여 키우고 덖은 장인들의 수고 등 수많은 인연의 노고를 상기해 봅니다.
⑧ 찻잔을 들어올릴 때 차의 미세한 흔들림, 차의 향기를 알아차림하고 그 변화 또한 관찰해봅니다.
⑨ 천천히 한 모금의 차를 머금고, 첫맛을 알아차립니다.
⑩ 입안에 머금고 있을 때의 느낌, 목으로 넘어가는 느낌, 식도를 타고 찻물이 내려가는 느낌 등을 관찰합니다.
⑪ 다시 한 모금 마시며 모든 순간을 알아차림 하며 깨어있게 합니다.
⑫ 차를 다 마셨다면 찻잔을 내려놓을 때의 손의 감각을 알아차립니다.
⑬ 눈을 감고 차로 인하여 몸과 마음이 안정되고 맑아진 느낌을 알아차리며 편안하게 호흡합니다.
⑭ 천천히 눈을 뜹니다.

차명상 Tea Meditation

☾ 차명상의 집중도는 어느 정도였나요?   (   ) %

☾ 차명상 중 알아차린 것을 적어 봅니다.

　❶ 색깔

　❷ 향

　❸ 맛

☾ 차명상 중 마음에서는 어떤 생각이나 감정이 일어났나요?

☾ 차명상을 하면서 새롭게 알아차린 것을 기록해 봅니다.

WEEK **11**

관상명상

1. 관상명상이란?

관상명상은 사물의 표상이나 이미지를 마음에 떠오르게 하여 관찰하는 수행법입니다. 바르게 앉아서 마음과 의식을 고요히 가라앉힌 후[定], 부처님의 모습이나 공덕 등 관상하고자 하는 대상을 마음속에 이미지로 떠올리는 방법을 사용합니다. 불교 전통에서는 '관법(觀法)', '관상(觀想)'이라는 이름으로 참선, 집중명상, 관찰명상 등과 함께 중요한 수행법으로 이어져 오고 있습니다.

우리는 누구나 불성을 지니고 있지만, 많은 이들이 내면의 타고난 지혜[本覺], 즉 본래부터 깨달아 있는 거룩한 성품을 인정하고 받아들이기를 어려워합니다. 그러므로 불보살님이나 지혜의 대상을 떠올리고 이들의 공덕을 사유함으로써 지혜와 자비를 일깨우는 방법인 관상명상은 우리의 참 성품을 발견하는데 도움을 줄 것입니다.

『대보적경』

"부처님이 예전에 대정진보살로 있었을 때, 한 스님이 모직물에 부처님의 형상을 그린 불상을 보고 발심 출가하여, 그 불상을 가지고 산에 들어가 관상하였다. 부처님의 형상을 관상한 스님은 부처님처럼 다섯 가지 신통을 성취하였고, 보관삼매를 얻어 시방의 부처님을 친견하였다."

2. 관상명상의 대상

관상명상의 전통적인 대상에는 초기불교의 까시나(Kasina), 자애관 수행 등과 대승정토사상의 아미타16관법, 티베트불교 전통에서의 본존관상법 등 다양한 관법들이 있습니다. 아미타16관법 가운데 상상관(想像觀)은 완벽한 상호와 공덕을 갖추신 아미타부처님의 빛나는 모습을 상상하며 관하는 수행법입니다. 이런 관상법들이 응용되어 성스러운 대상, 자신이 존경하는 분, 자신이 꿈꾸는 미래의 모습을 상상하거나, 위로와 평온을 느낄 수 있는 장소나 이미지를 상상하며 명상하기도 합니다. 관상명상의 대상은 희망과 긍정의 힘을 불러일으키는 이미지를 떠올리는 방법으로 대상이 확대되어 '상상명상', '이미지명상'이라는 이름으로 응용되고 있습니다. 이는 자신의 부정적인 마음과 정신적 장애를 극복하고 스스로 위로와 안정을 주며 나아가 좀 더 행복한 삶을 살도록 도울 것입니다.

3. 관상명상의 효과

뇌 과학에 의하면 우리의 뇌는 실제와 상상을 전혀 구분하지 못한다고 합니다. 그래서 매실을 떠올리면 입에 침이 고이고, 사랑하는 사람을 떠올리면 마음이 따뜻해지는 것이 바로 이런 이유입니다. 불교 전통에서 수행과 치유를 목적으로 마음속에 부처님을 관상하는 수행법이 오래전부터 있었으며, 관상형태의 수행법은 다른 여러 종교문화권에서도 볼 수 있습니다. 그뿐만 아니라 자신이 성취하고자 하는 긍정적인 모습이나 꿈꾸는 미래, 호감 가는 이미지 등을 반복적으로 마음에 떠올려 연습함으로써, 자신의 잠재된 능력을 계발하고 성공적인 삶을 만들어 갈 수 있습니다.

이렇듯 관상명상은 자신에 대한 확신이 필요한 사람들이 잠재력을 계발하여 행복한 삶, 성인들의 지혜로운 삶을 닮아가도록 도움을 줍니다. 특히 자기부정과 자기비난, 자해 등이나 시험·면접·발표와 관련한 불안이 있는 경우, 또는 경기를 앞둔 선수들에게 효과적입니다. 실제로 스포츠 선수들이 극도의 긴장감을 극복하고, 심신의 안정을 취하기 위한 목적으로 '이미지 트레이닝'을 훈련의 일환으로 활용하기도 합니다. 마음속에 이미지, 즉 심상(心象)을 그리면서 훈련하는 것으로 경기 상황의 여러 변수를 마음속으로 상상하며 연습함으로써 실제 경기에서 발생하는 상황에 대하여 빠르게 대처할 수 있는 정신적 능력을 계발하도록 돕고 있습니다.

실습 가이드

① 편안한 자세로 앉아 눈을 가볍게 감거나 반쯤 뜹니다.
② 호흡을 깊게 세 번 한 후 몸과 마음을 편안하게 이완합니다.
③ 부처님의 모습이나 성스러운 존재 또는 자신이 가장 존경하는 분의 이미지를 떠올려 봅니다.
④ 가능한 생생하고 명료하게 떠올려 봅니다.
⑤ 그 분의 온화한 미소, 자비로운 마음, 지혜, 깨달음, 내게 베푼 은혜 등을 기억해 봅니다.
⑥ 그와 같은 마음들이 햇빛과 같은 밝은 빛이 되어 내 몸과 정수리로 들어오는 것을 상상해 봅니다.
⑦ 그 빛은 정수리에서부터 발끝까지 온 몸을 가득 채워갑니다.
⑧ 지혜와 자비의 빛이 나의 몸을 가득 채울 때 평소 내 마음을 괴롭히던 모든 생각과 번뇌 망상이 씻겨지고 내 안의 잠재된 긍정적인 요소들, 따뜻함, 친절함, 지혜 등이 점점 더 환하게 드러나는 것을 상상해 봅니다.
⑨ 그렇게 환하게 드러난 긍정적인 나의 이미지를 마음에 새깁니다.
⑩ 충분히 머물렀다고 느껴지면 관상을 내려놓고 자연스러운 호흡으로 돌아와 들숨과 날숨을 알아차리며 편안하게 호흡합니다.
⑪ 지금 이 순간의 현존을 있는 그대로 수용하면서 부드럽게 눈을 뜹니다.

관상명상 Symbolization Meditation

◐ 관상명상의 집중도는 어느 정도였나요?　(　　　) %

◐ 관상명상 중 어떤 이미지가 떠올랐나요?

◐ 관상명상 중 몸에서 어떤 감각이 느껴졌나요?

◐ 관상명상 중 마음에서는 어떤 생각이나 감정이 일어났나요?

◐ 관상명상을 하면서 새롭게 알아차린 것을 기록해 봅니다.

난 이런 사람이야!

활동 목표

다양한 자신의 모습을 이해한다.
내가 어떤 사람인지 여러 가지 답변을 통해 자신을 표현한다.

도입

활동 목표를 이해한다.
진정한 자기 자신을 만날 준비를 한다.

전개

두 사람이 짝을 지어 마주 보고 앉는다.
서로 교재를 바꾼다.
한 사람이 '당신은 누구십니까?'라는 질문을 한다.
상대방은 '나는 (   )입니다'라고 대답한다.
질문자는 대답을 받아 적는다.
열 번의 같은 질문에 매번 다른 답변을 한다.
순서를 바꾸어 역할을 교환한다.

정리

나와 남을 이해하는 활동을 통해 느낀 점을 정리해 본다.

난 이런 사람이야! That's who I am!

두 사람씩 짝을 짓고 그중 한 사람이 '당신은 누구십니까?' 라고 질문합니다.
상대방은 '나는 (   )입니다.' 라고 대답합니다.

❶   ❻

❷   ❼

❸   ❽

❹   ❾

❺   ❿

이 실습을 통해서 새롭게 알게 된 사실과 느낀 점을 적어 봅니다.

WEEK **12**

동작명상

1. 동작명상이란?

동작명상은 일상생활의 움직임에 명상의 요소가 더해지는 것을 의미합니다. 어떤 동작을 할 때 생각 없이 그 동작을 하는 것이 아니라, 온전히 집중하고 알아차리는 것입니다. 일반적으로 명상이라고 하면 '고요히 몸과 마음을 안정시키고 어떤 대상에 집중하는 것'이라고 정의합니다. 그래서 명상은 고요히 앉아서 하는 것으로 생각할 수도 있습니다. 하지만 명상은 움직이거나 고요하거나, 일상의 어떤 상황에서도 적용할 수 있고, 특히 삶 속에서 움직임과 함께 하는 명상을 동작명상 또는 더 폭넓게 일상생활명상이라고 정의할 수 있습니다. 우리가 일상에서 늘 움직이고 머물고 앉고 눕는 모든 행동이 동작명상의 요소라고 할 수 있습니다.

2. 동작명상의 활용

몸을 움직이는 것은 살아있는 한 우리가 지속하는 행위입니다. 이 말은 어떤 움직임이든 명상의 매개체로 활용할 수 있다는 것입니다. 일상의 평범한 활동 중에서 동작명상을 실습할 행동을 정해서 주의를 기울이고 알아차림 하면 됩니다. 알아차림을 할 수 있는 일상의 모든 경험이 바로 동작명상의 연습 대상이 된다는 의미입니다. 걷기명상이나 절명상, 차명상, 먹기명상, 사경명상 등 움직이면서 하는 명상은 모두 동작명상에 해당합니다. 하지만 좀 더 가까운 우리의 일상에 접목한다면 세수하기, 양치하기, 설거지, 청소하기는 물론이고, 마트에서 줄 서는 동안 또는 운전하는 동안 행하는 모든 활동이 동작명상의 실습 요소라 할 수 있습니다.

세수하기로 예를 들어보겠습니다. 세수하면서 움직이는 하나하나의 동작에 주의를 둡니다. 물이 얼굴에 닿는 촉감, 얼굴이나 손에서 느껴지는 물의 온도, 얼굴에 도포되는 비누의 부드러움과 비누 향, 물이 얼굴에 닿을 때 들리는 소리 등에 주의를 둘 수 있습니다. 한 번에 하나의 대상에 주의를 두고 알아차리면 됩니다. 주의를 두면서 세수하면 서두르거나 급하게 움직이지 않고, 여유로운 마음으로 하루를 시작하거나 마무리할 수 있습니다. 있는 그대로의 동작과 마음을 알아차리는 과정을 통해 동작하고 있는 자신에게 온전하게 집중할 수 있습니다. 어떤 동작을 할 때, 자신이 하는 동작과 그 동작을 하는 동안 일어나는 감각과 느낌, 생각 등을 분명하게 알아차리는 것이 동작명상의 핵심이라고 할 수 있습니다.

「대념처경」(D22)

"다시 비구들이여, 비구는 걸어가면서 '걷고 있다'고 꿰뚫어 알고, 서 있으면서 '서 있다'고 꿰뚫어 알며, 앉아있으면서 '앉아있다'고 꿰뚫어 알고, 누워있으면서 '누워있다'고 꿰뚫어 안다. 또 그의 몸이 다른 어떤 자세를 취하고 있든 그 자세대로 꿰뚫어 안다."

3. 동작명상의 효과

동작명상은 신체의 움직임을 명상의 매개체로 삼아 불안정한 마음을 안정된 상태로 만드는 효과를 가져올 수 있습니다. 어떤 동작을 정해서 연습을 지속하다 보면 주변 환경·감정·감각 등을 알아차리게 되고, 무의식적으로 하던 행동이나 동작에 먼저 의도가 일어난다는 것도 알게 되어, 자신의 의지대로 동작을 조절하는 능력을 갖추게 됩니다. 이 명상은 지금, 이 순간을 자각하도록 돕는 명상일 뿐만 아니라 일상 행위에서도 연습할 수 있는 명상법입니다. 평범한 행동도 알아차림을 함께 하다 보면 자신을 관찰하는 고요한 시간을 순간마다 갖게 되는 이점이 있습니다.

동작명상을 일상활동에 적용하면 삶의 어려움에 직면했을 때 중심을 잡고 집중하며 회복력을 유지할 수도 있습니다. 작은 것부터 시작하여 인내심을 갖고 서서히 일상생활에 동작명상을 활용한다면, 매 순간의 존재감과 인식력을 키울 수 있고 자신과 주변 사람들에 대한 더 깊은 이해로 이어질 수 있습니다.

실습 가이드

걷고 · 서고 · 앉고 · 눕는 동작에 대한 알아차림 실습입니다.

① 편안한 자세로 앉아 눈을 가볍게 감거나 반쯤 뜹니다.
② 호흡을 깊게 세 번 한 후 몸과 마음을 편안하게 이완합니다.
③ 눈을 뜨고 먼저 자리에서 일어섭니다.
④ 깊이 숨을 들이쉬고 내쉰 다음, 자연스러운 호흡에 잠시 주의를 둡니다.
⑤ (걷기) 발바닥에 주의를 두고 제자리에서 걸어 봅니다.
⑥ 제자리걸음을 할 때, 발바닥의 어느 부분이 먼저 바닥에 닿는지 알아차려 봅니다.
⑦ 제자리에서 걷고 있다는 것을 알아차리고, 발바닥과 다리의 움직임과 감각도 알아차립니다.
⑧ (서기) 걸음을 멈추고 제자리에 섰을 때 서 있음을 알아차리고, 발바닥과 다리의 감각을 있는 그대로 느껴 봅니다.
⑨ (앉기) 다시 자리에 앉아 봅니다. 앉았을 때 앉아있음을 알아차리고 엉덩이와 방석이 맞닿는 감각을 알아차려 봅니다.
⑩ (눕기) 누워 봅니다. 누웠을 때 누워있음을 알아차리고 몸이 바닥과 닿아있는 접촉 감각을 자각해 봅니다.
⑪ 천천히 일어나 앉습니다. 몸 전체를 자각하면서 현재 이 순간에 머물러 봅니다.
⑫ 내 몸과 마음에서 어떤 변화가 일어났는지 알아차려 봅니다.
⑬ 자연스럽게 호흡하면서 잠시 머물러 봅니다.

동작명상 Activity Meditation

☾ 동작명상의 집중도는 어느 정도였나요?   (   ) %

☾ 동작명상 중 몸에서 일어난 감각을 적어 봅니다.

  ❶ 움직일 때

  ❷ 서 있을 때

  ❸ 앉아있을 때

  ❹ 누워있을 때

☾ 동작명상 중 마음에서는 어떤 생각이나 감정이 일어났나요?

☾ 동작명상을 하면서 새롭게 알아차린 것을 기록해 봅니다.

나의 경험 이력서

활동 목표

자신이 경험한 내용을 이력서 형태로 적어 보고 삶의 방향을 정립한다.
경험 이력서 작성을 통해 성숙한 삶의 태도를 기른다.

도입

활동 목표를 이해한다.
지금까지 한 경험과 미래에 할 경험을 살펴 본다.

전개

지금까지의 경험을 이력서의 형태로 적어 본다.
앞으로 경험해 보고 싶은 내용을 적어 본다.
현재까지의 나의 경험과 미래에 경험해 보고 싶은 내용을 비교해 본다.
경험을 통해서 느꼈던 행복감이 무엇인지 찾아 본다.

정리

행복이 경험 이력서와 비례한다는 활동을 통해서 느낀 점을 정리해 본다.

나의 경험 이력서 My experience resume

행복은 경험 이력서와 비례한다고 합니다. 지금까지 경험 이력서를 바탕으로 미래 경험 이력서를 작성해 봅니다.

이름(한글)	이름(영어)
생년월일	연락처
현재까지의 나의 경험 이력서	미래 경험 할 이력서

동작명상

WEEK **13**

간화선 1

1. 간화선이란?

간화선(看話禪)은 스승과 제자 사이에 나눈 선문답을 통해 제시한 화두(話頭)를 참구하여 자신의 본래 성품자리를 바로 보는 선법(禪法)을 말합니다. 스승은 '화두'를 매개로 제자가 '화두에 대한 의심'을 일으키게 하고 그 과정을 점검해주며, 제자는 '의심'에 집중하여 알음알이(지적 이해에 의한 분별)를 깨트리고 자기 마음 안에 본래 갖추어져 있는 본래 성품을 자각하여 깨달음에 이르게 됩니다. 여기서 말하는 본래 성품자리는 모두가 지닌 자성(自性)을 말하며 이 성품을 보고 깨닫는다고 해서 견성성불(見性成佛)이라 합니다.

2. 화두란 무엇인가?

간화선에서의 화두는 그 자체에 어떤 의미가 있는 것이 아니라 깨달음의 문을 열기 위한 하나의 도구입니다. '대문을 두드리는 기와조각'은 화두의 은유로 초인종이라고도 할 수 있습니다. 초인종을 누르면 주인이 나와서 대문을 열어줍니다. 화두에 대한 의심은 화두로 깨달음의 문을 두드리는 과정을 의미하며 그 문제에 대한 답을 찾는 것입니다. 즉, 고착된 분별과 사고의 틀을 깨뜨리는 질문인 화두에 대한 의심을 해결하면 참된 주인공, 즉 자신의 본래 모습을 보게 됩니다.

우리는 일상에서 '화두'라는 말을 많이 사용합니다. 이럴 수도 저럴 수도 없는 상황 속에서 무엇인가 해결되지 않는 상황을 고민할 때, 또는 삶의 여정에서 발생하는 근원적 질문들을 '화두'라는 말로 표현합니다. 또한, 교육 현장에서 어떤 문제를 해결하기 위한 이론적이고 논리적인 설명보다는 다시 의문(화두)을 되돌려 주는 방식도 간화선적 교육 방식이라고 할 수 있습니다. 스스로 의심하여 답을 찾아가도록 만드는 방법을 사용하여 교육적 효과를 보는 것입니다.

3. 간화선의 세 가지 요소

간화선을 수행하기에 앞서 반드시 갖추어야 할 덕목으로는 '대신심(大信心)·대분심(大憤心)·대의심(大疑心)'이 있습니다. 이것을 '간화선 수행의 세 가지 요소'라고 합니다. 첫째, 올바르게 열심히 참선하면 나도 깨달음에 이를 수 있다는 '확신'을 가집니다. 둘째, 많은 사람이 화두 참구를 통해 자신의 본래 성품을 보고 깨달음을 이루었음을 알고 '나도 깨달을 수 있다는 분발심'을 일으킵니다. 셋째, 온몸으로 화두에 대한 '커다란 의심'을 일으킵니다. 위와 같이 화두 참구의 세 가지 요소를 갖추었다면 분명히 화두에 대한 답을 찾을 수 있을 것입니다.

『태고화상어록』

"마치 닭이 알을 품을 때 따뜻한 기운이 이어지는 듯이 하고, 고양이가 쥐를 잡을 때 몸과 마음이 동요하지 않고 눈은 잠시도 쥐를 떠나지 않는 것처럼 해야 한다. 몸과 마음이 있는지 없는지를 느끼지도 못한 채 마음의 눈으로 화두를 한 곳에 거두어들이고 다만 이와 같이 뚜렷하면서도 분명하고 분명하면서도 뚜렷하게 조금의 빈틈도 없이 참구하라. 비유하자면 갓난아기가 엄마를 생각하는 것과 같고, 배고플 때 밥을 생각하는 것과 같고, 목마를 때 물을 생각하는 것처럼 하는 것이다. 그만두려고 해도 그만두지 못하여 생각나고 또 깊이 생각날 것이니, 이 어찌 억지로 만들어내는 마음이겠는가! 만일 이와 같이 진실하게 공을 들이면 공부하는 데 힘이 덜 드는 경지에 이르게 될 것이니 이것이 바로 힘을 얻은 경지이기도 하다."

4. 간화선의 효과

간화선은 개념이나 지적 이해로 인한 고착된 분별과 고정된 사고의 틀을 깨뜨림으로써 창의성과 유연성을 계발합니다. 그리고 우울이나 불안 등의 심리적 장애나 그릇된 사고, 그릇된 자기 인식으로 인하여 발생한 인지적 왜곡과 대인관계 개선에도 도움을 줍니다. 또한 자기 자신이 본래 지닌 거룩한 성품, 즉 자성에 대한 확신을 통해 삶에 대한 올바른 지혜를 얻을 수 있습니다. 직관력과 통찰력이 계발되어 일상에서 발생하는 여러 가지 문제들의 근원을 바로 파악할 수 있으므로 슬기로운 답을 찾을 수 있도록 도울 것입니다.

실습 가이드

❶ 화두의 선택
아래에 제시된 화두 가운데 하나를 선택하여 참구합니다.

- 이뭣꼬? (이것이 무엇인고?)
  → 이 몸을 주재하는 이것, 보고 듣고 느끼고 아는 이것, 기쁘면 기쁜 줄 알고, 슬프면 슬픈 줄 아는 이것이 무엇인고? 이뭣꼬? 하고 의심한다.

- 일일시호일(日日是好日)
  운문선사가 대중에게 묻는다. "지난 15일 이전에 관해서는 그대들에게 묻지 않겠다. 15일 이후의 일에 관하여 한마디 말해 보아라." 대중이 답이 없자 선사가 말했다. "날마다 좋은 날.(日日是好日)"
  → 자신의 오늘과 내일을 만들어갈 유일한 책임자인 여러분은 지금 어떤 날을 만들어 가고 있습니까? 운문선사는 왜 '날마다 좋은 날'이라고 했는가?

❷ 편안한 자세로 앉습니다.
❸ 호흡을 깊게 세 번 한 후 몸과 마음을 편안하게 이완합니다.
❹ 눈은 힘을 빼고 자연스럽게 반쯤 뜨고 1.5m 앞쪽 바닥에 시선이 머물게 합니다. 그곳을 집중하여 바라보는 것이 아니고 시선만 그곳에 두고 화두에 집중합니다.
❺ 위에서 언급한 화두 참구 수행의 세 가지 요소(확신, 분발심, 의심)를 마음속에 새겨 봅니다.
❻ 선택한 화두를 들고 참구해 갑니다.
❼ 잡념이나 졸음이 오면 알아차리고, 다시 화두 의심에 집중합니다.
❽ 화두에 집중이 잘되지 않는다면, 화두 의심을 이끌어주는 전체 구절을 속으로 몇 번 되뇌어본 후 다시 화두에 집중해 봅니다.
❾ 정해진 시간이 되었으면 마무리 합니다.

간화선 GanhwaSeon

🌙 화두의 집중도는 어느 정도였나요?　(　　　) %

🌙 내가 선택한 화두는 무엇인가요?

🌙 화두에 집중하는 동안 어떤 변화가 있었나요?

🌙 간화선 수행 후 새롭게 알아차린 것을 기록해 봅니다.

내 인생의 화두

활동 목표

내 인생의 화두로 자기 이해와 잠재적인 능력을 계발한다.
바람직한 삶의 가치관을 확립할 수 있는 내적 동기를 강화한다.

도입

활동 목표를 이해한다.
인생의 화두에 대한 설명을 듣는다.

전개

내 인생의 화두가 무엇인지 생각해 본다.
자신의 인생 화두를 적는다.
자신이 정한 인생 화두의 이유를 적어 본다.
이 화두를 위해 무엇을 실천하고 있고 또는 실천할 것인지 생각해 본다.

정리

내 인생의 화두를 찾는 활동을 통해 느낀 점을 정리해 본다.

내 인생의 화두 HwaDu of my life

내 인생의 화두란 내가 관심을 두어 중요하게 생각하는 것을 말합니다.
내 인생의 화두는 무엇인가요? 그 이유에 대해서도 적어 봅니다.

- 내 인생의 화두는 무엇인가요?

- 왜 이것을 내 인생의 화두로 정했나요?

- 자신의 인생 화두를 위해 무엇을 실천하고 있나요? 혹은 실천할 것인가요?

서원명상

1. 서원명상이란?

서원명상은 서원(誓願)을 명상의 매개체로 활용하는 집중명상에 해당합니다. 하나의 특정 대상을 정해서 의도적으로 몰입하는 것인데, 서원이 그 집중의 대상이 됩니다. 서원은 자기가 하고자 하는 일을 스스로 이루겠다고 맹세하는 것입니다. 소원이 이루어지기를 그저 바라는 데 그치지 않고, 그것을 실천하려는 강한 의지가 내포된 말이 바로 '서원'입니다. 서원명상은 자신의 염원을 언어로 표현하는 것에 명상 실습이 더해져서 그 순간에 몰두하는 힘을 더해주는 명상의 방법입니다. 서원명상을 실습하기 위해서는 우선 자신만의 서원을 세우는 것이 필요합니다.

2. 서원을 세우는 방법

서원은 자신의 핵심 가치를 발견하는 것으로부터 시작합니다. 핵심 가치란 인생에서 내 삶을 이끌고 나갈 이정표와 같은 나만의 인생 가치라고 할 수 있습니다. 남과 비교할 수 없는 자신만의 핵심 가치를 정한다면 이정표를 보고 목적지에 다다르듯, 자기 삶의 중심을 정하고 그곳을 향해 거침없이 나아갈 수 있습니다. 핵심 가치가 바로 자신의 인생 나침반이 되어 인생이라는 항해에서 표류하지 않도록 도울 것입니다. 이 핵심 가치는 자신이 누구인지, 무엇을 원하고, 무엇을 좋아하는지 충분히 알고 자신을 이해해야 정할 수 있습니다. 서원은 우리가 인생에서 길을 잃고 방황할 때 삶의 방향을 다시 확인할 수 있게 하는 염원과도 같은 것입니다. 서원의 문구는 "제가 최선을 다해 ~ 하기를 서원합니다." 또는 "제가 ~ 하겠습니다."라는 문장으로 만들면 됩니다. 자신이 정한 핵심 가치를 서원의 문구에 대입해서 넣으면 나만의 서원이 완성됩니다. 예를 들어 '도전'이 자신의 핵심 가치면 "제가 최선을 다해 도전하기를 서원합니다." 또는 "매 순간 도전하는 삶을 살겠습니다."라고 적으면 됩니다. 불교에서는 확고한 다짐인 네 가지 큰 서원이 있습니다. 바로 사홍서원(四弘誓願)입니다.

『육조단경』

이제 여러분들과 함께 네 가지 큰 서원을 발원하도록 하겠다.
여러분! 모두 다 일시에 내가 설한 법문을 복창하도록 하라!
중생이 끝이 없지만, 중생 제도할 것을 서원합니다.
번뇌가 끝이 없지만, 번뇌 끊을 것을 서원합니다.
법문이 끝이 없지만, 법문을 수학할 것을 서원합니다.
위가 없는 불도를 이룰 것을 맹세코 서원합니다.

3. 서원명상의 효과

서원명상은 자신이 정한 삶의 핵심 가치를 잊지 않고 스스로 이루겠다고 맹세하는 것입니다. 자신이 핵심 가치대로 살지 못하고 방황할 때 서원의 문장을 반복하며 다시 길을 찾아 돌아올 수 있습니다. 서원은 자신이 살아가면서 가장 중요하게 생각하는 것과 자기 삶을 단단하게 연결해 주는 역할을 해줍니다. 하고자 하는 일을 성취하기 위해 행동하고 실천하게 되며, 이러한 과정을 통해서 진취력도 키울 수 있는 것이 바로 서원명상입니다.

서원의 문구에 주의를 집중하고, 주의가 분산되면 이를 알아차리고 돌아옴으로써 복잡한 생각에서 벗어나 고요하고 혼란하지 않은 마음에 머물러 집중하는 경험을 할 수 있습니다. 서원명상을 통해 자기 삶을 명료하게 바라보고 올바른 목표를 세울 수 있다면, 이는 따뜻하고 자비로운 삶으로 나아가는
원동력이 될 것입니다.

실습 가이드

❶ 편안한 자세로 앉아 눈을 가볍게 감거나 반쯤 뜹니다.
❷ 호흡을 깊게 세 번 한 후 몸과 마음을 편안하게 이완합니다.
❸ 준비되었다면, 먼저 자신의 핵심 가치를 발견해 봅니다.
  (평소 자신의 인생에서 중요하게 생각했던 내용을 핵심 가치로 정하면 됩니다)
❹ 자신이 발견한 핵심 가치 중 3개를 선택합니다.
❺ 핵심 가치의 의미를 깊이 생각해 봅니다.
❻ 핵심 가치 3개를 서원의 문장으로 만들어 적습니다.
❼ 펜을 내려놓고 조용히 눈을 감습니다.
❽ 깊이 숨을 들이쉬고 내쉰 다음, 자연스러운 호흡에 잠시 주의를 둡니다.
❾ 들숨과 날숨에 자신의 핵심 가치로 만든 서원의 문구를 마음에 새기며 반복합니다.
❿ 마음이 다른 곳으로 방황하고 있다면 빨리 알아차리고 다시 서원의 문장으로 되돌아옵니다.
⓫ 원하는 만큼 실습을 한 후, 서원의 문구를 내려놓고 다시 호흡으로 돌아와서 잠시 머물러 봅니다.
⓬ 천천히 눈을 뜹니다.

서원명상 Making a Vow Meditation

☾ 서원명상의 집중도는 어느 정도였나요?   (   ) %

☾ 나만의 핵심가치 세 가지를 적어 봅니다.

❶

❷

❸

☾ 핵심가치를 서원의 문구로 만들기

제가 최선을 다해 (   )하기를 서원합니다.

☾ 서원명상을 하면서 새롭게 알아차린 것을 기록해 봅니다.

참 괜찮은 나에게

활동 목표

온전한 나로 살아가는 자신을 이해한다.
내 안에 있는 진정한 자신과 만난다.

도입

활동 목표를 이해한다.
참 괜찮은 나와 만날 준비를 한다.

전개

참 괜찮은 나의 모습을 떠올려 본다.
나 자신이 참 괜찮은 사람이라는 것을 충분히 성찰해 본다.
나에게 어떤 말을 하고 싶은지 생각해 본다.
참 괜찮은 나에게 해주고 싶은 말을 적어 본다.

정리

이 활동을 통해 자신이 정말 괜찮은 사람이라는 것을 오롯이 이해한다.

참 괜찮은 나에게 To myself, a nice person

온전한 나로 살아가고 있는 참 괜찮은 나에게 희망의 메시지를 전달해 봅니다.

참 괜찮은 _____ 에게

WEEK **15**

한 학기를 마치며

한 학기 수업을 마치면서 배우고 느낀 점을 적어봅니다.

자신의 명상 경험에 대해 그동안 적었던 내용을 천천히 살펴보면서 어떤 점이 명상하는 데 방해가 되었는지, 어떻게 했을 때 명상이 잘 되었는지를 확인합니다. 장애가 되는 요소는 제거할 수 있도록 노력하고, 도움이 되었던 점들은 더욱 증진해 나갈 수 있도록 합니다.

참고문헌

간화선 1
- 『고봉원묘선사선요』(『만신속장경』 70)
- 『밀암화상어록』(『대정장 47』)
- 『태고화상어록』(『한불전』 06)
- 대한불교조계종·불학연구소·전국선원수좌회(2005), 『간화선』, 조계종출판사.

감사명상
- 『증일아함경』(『대정장』 2)
- 동국대학교 서울국제명상페스티벌 운영위원회(2021), 『감사의 과학 The Science of Gratitude』, 하움출판사.
- 김주환 지음(2023), 『내면소통』, 인플루엔셜.

걷기명상 1
- 대림스님 옮김(2012), 『맛지마니까야』 4, 초기불전연구원.
- 동국대학교 서울국제명상페스티벌 운영위원회(2021), 『산책 명상』, 하움출판사.
- 틱낫한 지음, 진우기 옮김(2018), 『HOW TO WALK』, 한빛비즈.
- 틱낫한 지음, 김윤종 옮김(2022), 『고요히 앉아 있을 수만 있다면』, 불광출판사.

관상명상
- 『대보적경』 권1(『대정장』 11)
- 조계종 교육원, 불학 연구소(2005), 『수행법 연구』, 조계종출판사.
- 조셉 아르파이아, 롭상 랍가이 지음, 서보경 옮김(2002), 『마음을 다스리는 티베트 명상법』, 지혜의 나무.

동작명상

- 각묵스님 옮김(2006), 『디가니까야』, 초기불전연구원.
- 각묵 옮김(2013), 『(네가지) 마음 챙기는 공부: 대념처경과 그 주석서』, 초기불전연구원.
- 이중표 역해(2014), 『디가니까야』, 전남대학교 출판부.

만다라명상

- 『대비로차나성불신변가지경』(『대정장』 18)
- 동국대학교 한글대장경(1994), 『대일경』, 동국역경원.
- 정연우(2020), (인생이 마법처럼 풀리는) 『만다라 명상』, Raon Book.
- 칼 구스타프 융 지음, 김세영 외 옮김(2020), 『칼 융 레드 북』, 부글북스.

명상이란무엇인가?

- 각묵스님 옮김(2006), 『디가니까야』, 초기불전연구원.
- 대림스님 옮김(2006), 『앙굿따라니까야』, 초기불전연구원.
- 전재성 편저(2005), 『빠알리 한글사전』, 한국빠알리성전협회.
- Walpola Rahula(1997), 『What the Buddha Taught』, Oneworld Publications.

몸관찰명상

- 각묵스님 옮김(2013), 『네 가지 마음챙기는 공부』, 초기불전연구원.
- 각묵스님 옮김(2009), 『상윳따 니까야』, 초기불전연구원.
- 마하시 악가 마하 빤디따 지음, 김경화 옮김(2009), 『알아차림을 확립하는 위빠사나 수행』, 행복한 숲.
- 윌리엄 하트 엮음, 담마코리아 옮김(2019), 『고엔카의 위빳사나 10일코스』, 김영사.

호흡명상 1

- 각묵스님 옮김(2009), 『상윳따니까야』, 초기불전연구원.
- 대림스님 옮김(2012), 『맛지마니까야』, 초기불전연구원.
- 대림스님 옮김(2004), 『청정도론 2권』, 초기불전연구원.

서원명상

- 『육조단경』(대정장48)
- 정성본(2020), 『돈황본 육조단경』(증보판), 민족사.
- 크리스틴 네프 · 크리스토퍼 거머 공저, 서광 외3 역(2020), 『나를 사랑하기로 했습니다』, 이너북스.

음악명상

- 『능엄경』(『대정장』 48)
- 이운허 초역, 김월운 개역(2012), 『수능엄경』, 동국역경원.
- 김진묵(2006), 『세계 명상음악 순례』, 정신세계사.

자애명상

- 대림스님 역(2008), 『앙굿따라니까야』, 초기불전연구원.
- 아신 아난다 소비따 사야도(2016), 『자애경』, 법승 담마야나선원.
- 법정스님 역(1991), 『숫타니파타』, 샘터.

차명상

- 『초의시고』(『한불전』 10)
- 지장스님(2006), 『차명상』, 차와 사람.
- 지운 · 선업스님 공저(2019), 『차명상학 입문서』, 연꽃호수.

대학생을 위한 자아와 명상 1

2024년 2월 2일 개정증보판 1쇄 인쇄
2024년 8월 28일 개정증보판 3쇄 발행

엮은이 동국대학교 건학위원회
발행인 박기련
발행처 동국대학교출판부

출판등록 제1973-000004호(1973. 6. 28)
주소 04626 서울시 중구 퇴계로36길2 신관1층 105호
전화 02-2264-4714
팩스 02-2268-7851
홈페이지 http://dgpress.dongguk.edu
이메일 abook@jeongjincorp.com
인쇄 대명프린텍

ISBN 978-89-7801-765-7 (03220)

값 13,000원

이 책의 무단 전재나 복제 행위는 저작권법 제98조에 따라 처벌 받게 됩니다.